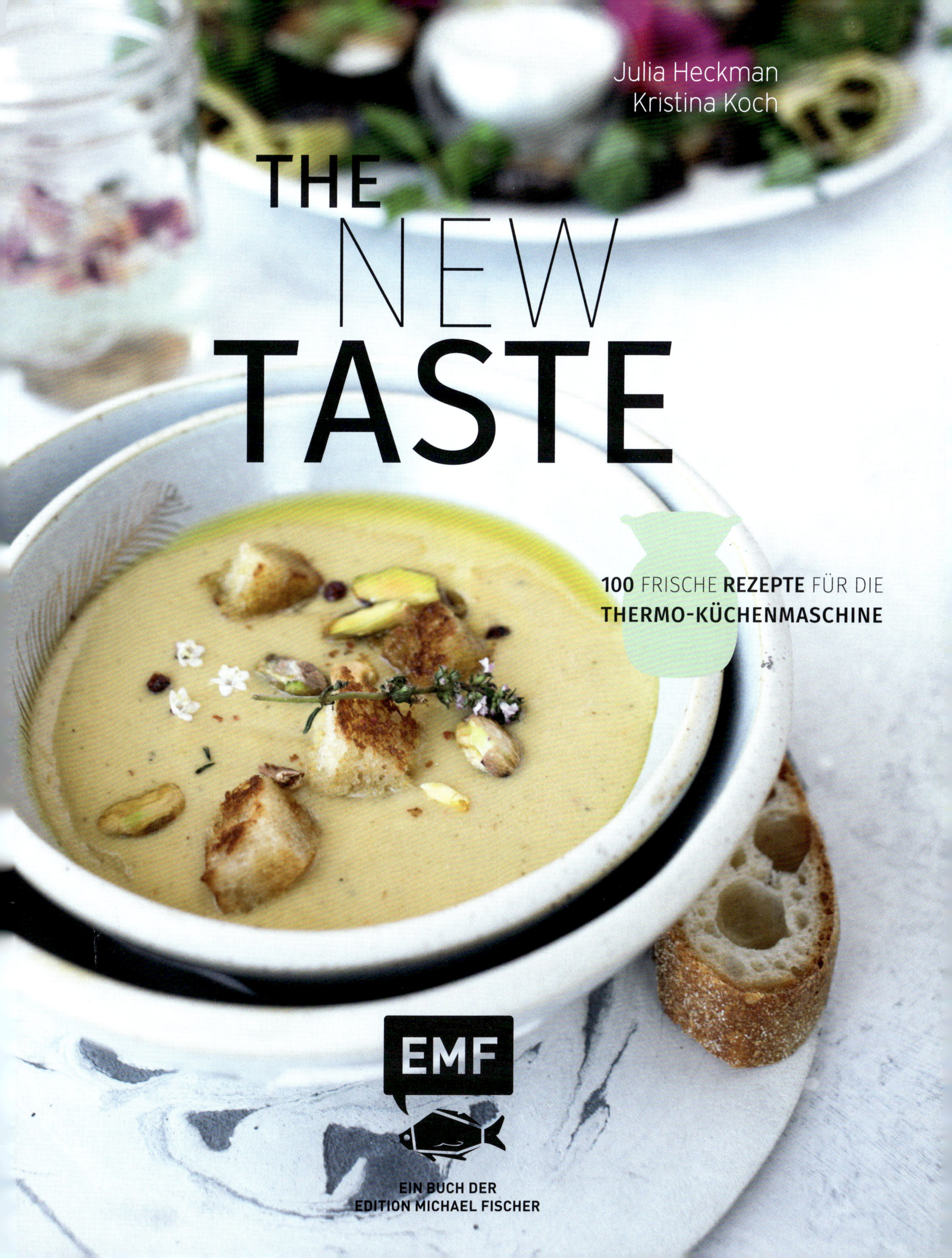

Julia Heckman
Kristina Koch

THE NEW TASTE

100 FRISCHE **REZEPTE** FÜR DIE **THERMO-KÜCHENMASCHINE**

EMF
EIN BUCH DER EDITION MICHAEL FISCHER

INHALT

VORWORT

„Eat, pray and love“
(Elizabeth Gilbert (2006). Riverhead Books)

LIEBE FREUNDE UND GENIESSER,

zwei Hobbyköche ohne professionelle Kochausbildung, aber mit einer maximalen Leidenschaft zum Kochen, Backen, Thermomix®-en und vor allem gemeinsamen Genießen. Das sind wir.

Mit einer Tomatenfocaccia, Gulasch und Omas Weißbrot schätzen wir die traditionelle Küche (lieben Gruß an unsere wundervollen Omis und größten Fans), versuchen jedoch einfachen Grundrezepten wie Kräuterbutter, Möhren-Orangen-Suppe oder Pfannkuchen unter Verwendung herkömmlicher Zutaten, aber in neuer Kombination einen neuen Schliff zu verleihen.

Wir können stundenlang über deftige Schokoladenbrote mit Roggensauerteig oder karamellisierte Zucchini-Tartes philosophieren. Nach einem langen Arbeitstag entwickeln wir mit einem großen Lächeln im Gesicht Rezepte wie Mint-Cupcakes mit Frischkäsehaube, Zitronenravioli mit Salbeibutter oder knackige Salatblätter zu Blaubeermohn-Dressing.

Vor dem Schlafen lesen wir unsere Lieblingskochlektüre und träumen dann von unserer luftigen Buchweizentorte mit Erdbeeren, Lachs auf Zucchini-Nudeln zu Cashew-Koriandercreme und von violetten Trüffelkartoffel-Gnocchi. Am nächsten Morgen wird der Traum direkt in die Realität umgesetzt, aufgeschrieben, gekocht und mit einem Glas Wein im Garten sitzend getestet. Wir können stundenlang liebevoll darüber diskutieren, welchen Teller wir zu einer cremigen Blumenkohlsuppe mit Birnen und gerösteten Walnusskernen für das Foto nehmen, nur um uns am nächsten Tag doch nochmal anders zu entscheiden. Wir könnten noch lange weiter berichten, aber die Suppe kocht und das Sauerteigbrot muss aus dem Backofen ...

ERNÄHRUNGSPHILOSOPHIE

Die stetig wachsende Anzahl an Food-Bloggern, Kochshows, Rezeptseiten im Internet oder Büchern mit zahlreichen Ernährungsformen zeigen, wie groß das neu erwachte und stetig zunehmende Interesse an einer gesunden Ernährung der heutigen Gesellschaft ist. Nicht nur gesunde Ernährung, sondern auch ein immerzu wachsendes Bewusstsein für die Schädigung der Umwelt, von der Milchproduktion über Massen-Tierhaltung hin zu langen Transportwegen, sind klar zu erkennen.

Essgewohnheiten werden nun immer stärker hinterfragt. Wo einst Milch hochgepriesen wurde, verzichten immer mehr Menschen darauf. Oft führt ihr Verzehr zu unangenehmen Folgen durch Laktose-Intoleranz oder Milchallergien. Dass es mit dem Blick auf den häufigen Verzehr von Fleisch und Fisch mehr Argumente dagegen als dafür gibt, ist ebenfalls bekannt. Die bewusste Entscheidung, regionale und saisonale Produkte in den Ernährungsplan zu integrieren und dafür auf Frische und Qualität zu setzen, weist ebenso auf einen Wandel in dem Umgang mit der Umwelt und dem Anspruch auf eine hochwertigere Ernährung hin. Aufgrund dieses neuen Bewusstseins entscheiden sich immer mehr Menschen zu veganer, vegetarischer, pescetarischer oder anderen Ernährungsrichtungen. Bei so vielen Ernährungsformen fällt es oft schwer, die Orientierung und vor allem den Überblick beizubehalten.

Wird der Fokus auf ausschließlich eine Ernährungsform gelegt, kann die Möglichkeit einer Mangelerscheinung infolge unzureichender Vitamin- und Mineralstoffzufuhr bestehen. Durch den existierenden Informationsüberschuss ist es schwer, dauerhaft eine ausgewogene Ernährung zu praktizieren. Diese ist nicht selten mit einem großen Aufwand der Umorientierung verbunden.

Ist es denn nicht nachhaltig und ebenso gesund, wenn Fleisch-, Milch- oder Eierprodukte bewusst nur gelegentlich und regional, jedoch mit viel Gemüse und Obst konsumiert werden? Stellt vielleicht einfach der übermäßige Konsum dieser Produkte ein Problem dar?

Unser Buch ist vor dem Hintergrund entstanden, vollständige Ausschlüsse zu vermeiden. Dabei ist es unser Ziel, mit einer bewussten Balance konsumieren zu können, ohne großen Verzicht leisten zu müssen. Das Zitat von Paracelsus finden wir hier passend: »Alle Dinge sind Gift, und nichts ist ohne Gift; allein die Dosis machts, daß ein Ding kein Gift sei«, sowie das altbekannte Sprichwort »Alles in Maßen, nicht in Massen«. Wer gelegentlich eine Pizza isst, wird davon nicht dick werden. Wer nur gelegentlich einen Salat isst, bleibt auch nicht schlank und gesund.

Wir stellen 100 abwechslungsreiche Rezepte für den Thermomix® vor, die, im Ernährungsplan miteinander kombiniert, eine ausgewogene Ernährung bieten. Seit Langem ist der Thermomix® unsere beste, effektivste und treuste Küchenhilfe. Anders als in den herkömmlichen Rezeptbüchern für den Thermomix® beziehen wir den Herd ebenfalls mit ein. Durch diese Kombination entsteht ein für uns perfektes und unersetzliches Team, mit dessen Hilfe wir wunderbare Rezepte zu zaubern vermögen. Dadurch büßen wir nicht die wertvollen Röstaromen ein, kochen aber dennoch zeitsparend und gelingsicher. Dabei überlassen wir jedoch gerne dem Thermomix® die Hauptarbeit.

In unserem reichhaltigen und sättigenden angenehm süßen Bananen-Kakao, welcher zu jeder Tagesstunde genossen werden kann, verwenden wir selbst gemachte Mandelmilch ohne Zugabe von granuliertem Zucker oder Kuhmilch. Mandeln schützen vor Diabetes, Herz-Kreislauf-Erkrankungen, erhöhen die Knochendichte und sind zudem ein wunderbarer Proteinlieferant.

Für das Mittagsessen empfehlen wir unser schonend zubereitetes Lachsfilet, welches im Varoma-Behälter des Thermomix®-es gedämpft wird. Dazu servieren wir Zucchinispaghetti zu Cashewkern-Creme-Soße. Lachs enthält lebensnotwendige Omega-3-Fettsäuren und ist zudem ein guter Proteinlieferant. Durch seine ungesättigten Fettsäuren hat er eine entzündungshemmende Wirkung und unterstützt somit das Herz-Kreislauf-System. Zucchinispaghetti im Gegensatz zu herkömmlicher Weißmehlpasta sind reich an Calcium und Kalium. Die dazu servierte Cashewkern-Creme-Soße, die sich bestens im Thermomix® zubereiten lässt, liefert ebenfalls eine Vielzahl an ungesättigten Fettsäuren. Durch den hohen Magnesiumanteil stärkt sie die Nerven und macht durch das darin enthaltene Tryptophan und Serotonin auch noch glücklich.

Der Tag kann mit einer Scheibe unseres gesunden Vollkorn-Möhrenbrotes mit Leinsamen abgeschlossen werden. Leinsamen haben nicht nur einen hohen Ballaststoffanteil, sondern helfen bei der Gewichtsabnahme. Vollkorn liefert zahlreiche Vitalstoffe, soll Blutdruck, Blutzucker sowie Cholesterin senken. Da das Mehl im Thermomix® für dieses Rezept frisch gemahlen und sofort verarbeitet wurde, ist es reich an Nährstoffen. So haben wir uns hier für eine kurze Gehzeit des Teiges entschieden. Generell schätzen wir längere Fermentationszeiten (Gehzeiten) über Nacht sowie die traditionelle Herstellung mit Sauerteig. Dies erweist sich uns nicht nur als besser verträglich, sondern kommt auch der Verdauung zugute. Die gesamte Zubereitungszeit mag lang aussehen, der aktive Aufwand ist jedoch vergleichsweise gering.

Weiterhin versuchen wir granulierten Zucker durch natürliche Süßungsmittel wie Ahornsirup, Honig, Datteln oder Zimt zu ersetzen. Dadurch fügen wir dem Essen nicht nur mehr Mineralstoffe, sondern auch noch Antioxidantien und sogar Vitamine zu. Wird granulierter Zucker verwendet, so streben wir an, den Zuckeranteil so gering wie möglich zu halten.

In dem Großteil unserer Suppenrezepte verwenden wir für eine cremigere Konsistenz Kokosnussmilch bzw. -sahne und schaffen somit eine Balance zu unseren vollmilch-haltigen Suppengerichten.

Um auf unnötige Zusatzstoffe in abgepackten Lebensmitteln wie Geschmacksverstärker, Farbstoffe, Haltbarkeitsmittel oder Trennstoffe zu verzichten, setzen wir auf Frische und eigene Zubereitung im Thermomix®. Unsere Suppen, Soßen, ja sogar Salate werden mit einem selbstgemachten Gemüsegrundstock zubereitet, der als Ersatz für Brühwürfel oder konservierte Brühe aus dem Glas dient. Unser Müsli mit einer angenehmen Vanillenote bereiten wir mit einer großen Portion an gesunden Nüssen, Samen und Haferflocken zu. Wir frieren saftige Mangos ein und pflücken frische Minzblätter im Garten, um sie mit Kardamom zu einem erfrischenden Sorbet zu vereinen.

Dieses Kochbuch wurde mit 100 g Liebe, einer extra großen Portion Freude und einer großen Prise positiver Energie geschrieben. Es richtet sich an alle Essensliebhaber da draußen, die gerne experimentieren, für neue Geschmackskombinationen offen sind, es lieben sich neu inspirieren zu lassen und dabei auch noch gerne gesund essen. Aber auch all denjenigen, die noch nicht kochen, aber es gerne lernen wollen, ist durch das Zusammenspiel unserer Rezepte mit dem Thermomix® ein erfolgreiches Ergebnis versprochen. Unser Motto ist »Du bist, was du isst«. Unsere Rezepte dienen als Vorschlag, den eigenen Ernährungsplan zu bereichern, und können gerne an die persönlichen Vorlieben angepasst werden. Weiterhin wünschen wir uns, dass unser Buch den Leser zum bewussten Einkaufen, liebevollen Kochen, sowie gemeinsamen Genießen anregt. Wir denken, dass nur eine ständige Wiederholung gesunder Gewohnheiten zu einem ausgewogenem Ernährungsverhalten führt. Nur so können wir nicht nur Verantwortung für unseren eigenen Körper, Geist und Seele, sondern auch für die Umwelt übernehmen.

Wir hoffen, dass dieses Buch auf Offenheit trifft, ungewohnte Zutaten zu kombinieren, Neues auszuprobieren und alte Denkstrukturen zu hinterfragen.

Bitte hören Sie immer auf Ihren eigenen Körper, trinken Sie viel Wasser, lachen Sie viel, spielen Sie viel mit Kindern, kaufen Sie sich schöne Blumen, treffen Sie sich mit Freunden zum gemeinsamen Kochen und sagen Sie »ja« zum Glücklich-Sein.

In die Küche, fertig, mix!

TIPPS & TRICKS

ARBEITEN MIT TEIGEN

Der Teig klebt am Spatel

Um dies zu verhindern, den Spatel befeuchten, bevor der Teig aus dem Mixtopf gelöst wird.

Der Teig löst sich nicht aus dem Mixtopf

Um den Teig aus dem Mixtopf zu lösen, den Mixtopf kopfüber halten und an der Messerschraube drehen. Bei festeren Teigen kann ein für den Mixtopf im Internet erhältlicher Mutterdreher zu Hilfe genommen werden.

Mehl selbst herstellen

Um einen erhöhten Vitalstoff- sowie Ballaststoffgehalt im Gegensatz zum gekauften Mehl zu gewährleisten, sollte Mehl selbst hergestellt werden. Hierzu 150 g Körner (Roggen, Weizen, Dinkel etc.) in den Mixtopf geben und **1 Min./Stufe 10** zerkleinern. Um ein zu schnelles Erwärmen des Mehls während des Zerkleinerungsprozesses zu vermeiden, können die Körner vorab eingefroren werden.

Handhabung klebriger Brotteige

Bei einem klebrigen Brotteig die Hände sowie die Arbeitsfläche mit etwas Öl einreiben und anschließend das Brot wie im Rezept beschrieben formen.

ARBEITEN MIT EIERN

Eier trennen leicht gemacht

Den Mixtopfdeckel auf einen flachen Teller legen und den Messbecher einsetzen. Eier in den Mixtopfdeckel aufschlagen und leicht am Mixtopfdeckel rütteln, sodass das Eiweiß am Messbecher vorbei auf den Teller laufen kann.

Herstellung von Eischnee

Um ein Gelingen von Eischnee zu gewährleisten, müssen der Mixtopf sowie alle Teile, die vor dem Eiweißschlagen damit in Berührung kommen, fettfrei und sauber sein. Hierzu den Mixtopf wie gewohnt waschen und abtrocknen. Ein Handtuch mit etwas Essig befeuchten und den Mixtopf anschließend von innen abwischen.

Bessere Stabilität von Eiweiß

Für eine bessere Stabilität des Eiweißes eine Prise Salz hinzugeben und Eiweiß wie gewohnt aufschlagen.

HINWEISE ZU ZUTATEN

Verwendung von getrockneten Pilzen

Ganze getrocknete Pilze müssen vor der Verwendung über mehrere Stunden eingelegt werden. Um Wartezeit zu vermeiden, können getrocknete Pilze im Mixtopf zerkleinert werden. Das dabei entstandene Pulver kann zu Suppen, Soßen oder Dips hinzugegeben werden (siehe S. 21).

Herstellung von Mayonnaise

Für das Gelingen einer guten und stichfesten Mayonnaise müssen alle Zutaten gleich temperiert sein. Hierzu alle Zutaten bis auf das Öl in den Mixtopf geben und **1 Min./37 °C/Stufe 2** erhitzen. Danach wie gewohnt mit dem Rezept fortschreiten (siehe S. 130).

Eiscreme herstellen

Fertigstellte Eismasse in eine wiederverschließbare Tüte geben und im Gefrierschrank flach lagern. Anschließend wie gewohnt mit dem jeweiligen Rezept verfahren (siehe S. 218).

Cashewkern-Creme herstellen

Für eine cremigere Konsistenz Cashewkerne über Nacht in Wasser einlegen. Das Wasser abgießen und wie gewohnt mit dem Rezept verfahren (siehe S. 35).

Verwendung von Chia-, Lein- oder Hanfsamen

Um von den in den Samen enthaltenen Spurenelementen, Mineralstoffen, Vitaminen sowie Omega-3-Fettsäuren bestmöglich zu profitieren, sollten diese vorab zerkleinert werden. Hierzu Samen in den trockenen Mixtopf geben und je nach Menge einige Sekunden auf **Stufe 10** zerkleinern. Anschließend wie gewohnt verzehren.

Reiskochen im Gareinsatz
Beim Kochen von Reis im Gareinsatz sollte der Reis immer mit Wasser bedeckt sein (siehe S. 136).

Häufiger Verzehr von Mandeln
Mandeln enthalten Phytinsäure und andere Stoffe, die die Verdauung von Mineralien wie Calcium, Eisen, Zink und Magnesium behindern. Bei häufigerem Verzehr ist es ratsam, sie über Nacht in Wasser einzuweichen, um die Phytinsäure zu neutralisieren. Das Wasser wird anschließend abgegossen und es kann wie gewohnt mit dem jeweiligen Rezept fortgefahren werden.

HANDHABUNG MIXTOPF

Voller Mixtopf
Bei einer großen Füllmenge des Mixtopfes den Mixtopf zur Erleichterung am unteren Teil des Henkels heben.

Der Mixtopfdeckel ist verfärbt
Den Mixtopfdeckel in die Sonne legen, damit Verfärbungen verblassen.

WAAGENFUNKTION

Die Waage funktioniert nicht richtig
Die Waage auf 0 stellen und den Messbecher (40 g) abwiegen. Zeigt die Waage nicht 40 g an, Vorgang wiederholen. Wenn nach mehrmaligem Abwiegen eine andere Grammzahl angezeigt wird, kann es sich um einen Fehler in der Waagenfunktion handeln.

VAROMA

Garen mit mehreren Zutaten unterschiedlicher Garzeiten
Die Zutaten mit der längeren Garzeit werden in den unteren Teil des Varomas, den Varoma-Behälter gegeben. Zutaten mit kürzerer Garzeit hingegen in den Varoma-Einlegeboden.

Sicherheit
Den Mixtopf- oder Varomadeckel nach der Zubereitung von heißen Speisen von sich weg öffnen und somit den Dampf sicher entweichen lassen.

Benötigte Menge des Wassers fürs Dampfgaren
Für Dampfgaren von 30 Minuten werden 500 g Wasser benötigt.

REINIGUNG

Mixtopfboden ist angebrannt
Wenn etwas am Mixtopfboden angebrannt ist, 2 TL Backpulver und 100 g Wasser in den Mixtopf geben und **2,5 Min./70 °C/ Stufe 2,5** erhitzen. Thermomix® ausschalten und 10–30 Minuten stehen lassen. Danach wie gewohnt reinigen.

Mixtopf wie neu mit Hausmitteln
Den feuchten Mixtopf mit einen Esslöffel Backpulver einseifen und 1 Stunde einwirken lassen. Anschließend gründlich mit Wasser waschen.

SONSTIGES

Pulverisieren im Mixtopf
Soll im Mixtopf eine Zutat pulverisiert werden, müssen hierzu der Mixtopf und Deckel sowie der Messbecher vollständig trocken sein. Hierzu den feuchten und leeren Mixtopf auf **10 Sek./Stufe 10** einstellen und anschließend mit einem trockenen Küchentuch abwischen. Anschließend wie gewohnt Zutaten pulverisieren (siehe S. 21).

Spritzer beim Kochen ohne Messbecher
Wird in einem Rezept darauf hingewiesen, ohne Messbecher zu kochen, kann der Gareinsatz auf den Mixtopfdeckel gestellt werden, um Spritzer zu vermeiden.

HINWEISE ZUM KOCHEN

- Die in diesem Buch aufgeführten Rezepte sind für den TM5 entwickelt und an diesem liebevoll erprobt worden.
- Der Messbecher wird immer benutzt, es sei denn es wird ausdrücklich darauf hingewiesen, ihn nicht aufzusetzen (andernfalls könnte es zu einem großen Chaos in Ihrer Küche führen).
- Es wird immer frisch gemahlener schwarzer Pfeffer verwendet.
- Mit Salz und Pfeffer wird abgeschmeckt. Hier wird nicht immer eine Mengenangabe aufgeführt.
- Es werden Eier der Größe L verwendet.
- Gekocht und garniert wird mit nativem Olivenöl extra.
- Für den Abrieb einer Zitrone, Limette oder Orange werden Zitrusfrüchte biologischen Ursprungs verwendet. Hier ist darauf zu achten, die bittere weiße Haut nicht zu verwenden.
- Es wird reifes Obst verwendet.
- Es wird Vanillezucker mit echter Bourbon-Vanille verwendet.
- Das angegebene Gewicht einer Zutat bezieht sich immer auf das Nettogewicht, wie z. B. das Gewicht einer geschälten Kartoffel.
- Wir gehen davon aus, dass Gemüse, Obst, Kräuter sowie Fleisch und Fisch vor der Verwendung gründlich gewaschen und abgetrocknet werden.
- Die angegebene Gesamtzeit beinhaltet nicht das Aufräumen der Küche oder das Waschen von Gemüse und Obst.
- Die aktive Zeit sowie die Gesamtzeit wurden bei allen Rezepten gerundet.
- Die in den Fotografien verwendeten Blumen sind nicht essbar und dienen ausschließlich dekorativen Zwecken.
- Wir verwenden ausschließlich glutenfreie Haferflocken. Es können jedoch auch andere Haferflocken verwendet werden.
- Wir verwenden unraffiniertes, kaltgepresstes Kokosnussöl.

SYMBOLVERZEICHNIS

- Glutenfrei
- Vegan
- Laktosefrei
- Glutenhaltig
- Nicht vegan
- Laktosehaltig

EINHEITENÜBERSICHT

Prise	Die Menge, die zwischen Daumen und Zeigefinger passt.
Msp.	Messerspitze (2 Prisen)
TL	Teelöffel
EL	Esslöffel
g	Gramm
kg	Kilogramm
Stk.	Stück

<9 MIN. IHRER ZEIT

ESTRAGON-BASILIKUM- & TOMATEN-CASHEWKERN-PESTO

FÜR ETWA 700 G

ZUTATEN

ESTRAGON-BASILIKUM-PESTO

100 g Parmesan, in groben Stücken
2 Knoblauchzehen, geschält
5 g Estragonblätter
20 g Basilikumblätter
60 g Babyspinat
100 g Pekannüsse, geröstet
100 g Olivenöl
½ TL Salz

TOMATEN-CASHEWKERN-PESTO

70 g Parmesan, in groben Stücken
2 Knoblauchzehen, geschält
70 g getrocknete Tomaten
70 g Cashewkerne, geröstet
100 g Olivenöl
50 g Tomatenmark
½ TL Zucker
½ TL Salz

AUSSERDEM

Olivenöl zum Bedecken

SO GEHT'S

1. ESTRAGON-BASILIKUM-PESTO: Parmesan, Knoblauch, Estragon, Basilikum, Spinat und Pekannüsse in den Mixtopf geben. **20 Sek./Stufe 10** zerkleinern und mit dem Spatel hinunterschieben.
2. Olivenöl und Salz hinzugeben und **10 Sek./Stufe 5** vermengen.

Das fertige Pesto kann direkt verwendet werden. In ein Schraubglas gefüllt und mit etwas Olivenöl bedeckt kann es im Kühlschrank bis zu 3 Wochen gelagert werden.

1. TOMATEN-CASHEWKERN-PESTO: Parmesan, Knoblauch, getrocknete Tomaten und Cashewkerne in den Mixtopf geben. **20 Sek./Stufe 10** zerkleinern und mit dem Spatel hinunterschieben.
2. Olivenöl, Tomatenmark, Zucker und Salz hinzugeben und **10 Sek./Stufe 5** vermengen.

Das fertige Pesto kann direkt verwendet werden. In ein Schraubglas gefüllt und mit etwas Olivenöl bedeckt kann es im Kühlschrank bis zu 3 Wochen gelagert werden.

AKTIVE ZEIT <9 MIN.
GESAMTZEIT 10 MIN.

PILZTAPENADE

MIT PISTAZIEN

FÜR ETWA 260 G

ZUTATEN

1 Frühlingszwiebel, halbiert
2 Knoblauchzehen, geschält
20 g Olivenöl
2 Nelken
200 g Champignons
1 TL Zucker
20 g dunkler Balsamicoessig
5 g Gemüsegrundstock (siehe S. 39)
1 Prise Zimtpulver
1 TL getrockneter Thymian
Salz
Pfeffer

AUSSERDEM

10 g Pistazien, geschält

SO GEHT'S

1. Frühlingszwiebel und Knoblauchzehen in den Mixtopf geben und **7 Sek./Stufe 8** zerkleinern; mit dem Spatel die Seiten hinunterschieben.
2. Olivenöl und Nelken hinzugeben und **3 Min./Varoma/Stufe 1** dünsten.
3. Die Champignons ebenfalls in den Mixtopf geben und **5 Sek./Stufe 5** zerkleinern. Zutaten mit dem Spatel hinunterschieben.
4. Zucker, Balsamicoessig, Gemüsegrundstock, Zimtpulver und Thymian hinzugeben und ohne Einsatz des Messbechers **15 Min./Varoma/Linkslauf/Stufe 1** kochen. Mit Salz und Pfeffer abschmecken.

Tapenade in einen Behälter füllen und mit den Pistazien dekorieren. Lauwarm oder gekühlt servieren.

AKTIVE ZEIT <5 MIN.
GESAMTZEIT 25 MIN.

HUMMUS

MIT KREUZKÜMMEL

FÜR ETWA 430 G

ZUTATEN

2 Knoblauchzehen, geschält

300 g eingelegte Kichererbsen, abgegossen und gewaschen

1 Prise Chiliflocken

1 TL Kreuzkümmelpulver

100 g Olivenöl

25 g Zitronensaft

1 TL Tahini

Salz

Pfeffer

AUSSERDEM

3 TL Sesamsamen, geröstet

3 EL Olivenöl

SO GEHT'S

1. Die Knoblauchzehen in den Mixtopf geben und **5 Sek./Stufe 10** zerkleinern. Mithilfe des Spatels hinunterschieben.
2. Restliche Zutaten in den Mixtopf geben und **30 Sek./Stufe 6** vermengen. Mit Salz und Pfeffer abschmecken und umfüllen.

Die Sesamsamen und das Olivenöl über den Hummus geben und servieren.

VARIANTE

Für eine mediterane Note können 1 Handvoll getrocknete und zerkleinerte Tomaten, wie auch 1 Teelöffel getrockneter Thymian in Schritt 2 hinzugefügt werden.

TIPP

Hummus eignet sich hervorragend als Brotaufstrich oder Dip.

AKTIVE ZEIT *<5 MIN.*
GESAMTZEIT *<5 MIN.*

ORIENTALISCHE GEWÜRZMISCHUNG

FÜR 1 KLEINES GLAS

ZUTATEN

3 grüne Kardamomkapseln
2 TL Kümmel
4 TL Koriandersamen
1 TL Pfefferkörner
1 TL Zimtpulver, gemahlen
10 Nelken
8 Anissamen
4 TL Schwarzkümmel
2 TL Fenchelsamen
2 TL Sumachpulver

SO GEHT'S

1. Alle Zutaten für die Gewürzmischung in den Mixtopf geben und **5 Min./Varoma/Stufe 1** anrösten.
2. Zutaten **40 Sek./Stufe 10** pulverisieren. Anschließend in einen luftdichten Behälter umfüllen.

Die Gewürzmischung hält sich einige Wochen in einem luftdichten Gefäß.

WUSSTEN SIE SCHON

Zimt stabilisiert den Blutzuckerspiegel und weist einen hohen Antioxidantiengehalt auf. Gewürznelken wirken antiseptisch, während Kümmel und Fenchelsamen die Verdauung verbessern.

TIPP

Die Gewürzmischung passt super zu Fleisch, Fisch oder Gemüse.

AKTIVE ZEIT <5 MIN.
GESAMTZEIT <9 MIN.

PILZPULVER

ZUM VERFEINERN

FÜR ETWA 430 G

ZUTATEN

100 g getrocknete Pilze (z. B.: Champignons, Shiitake, Austernpilze, Pfifferlinge)

SO GEHT'S

Getrocknete Pilze in den Mixtopf geben und **20 Sek./Stufe 10** pulverisieren. Diesen Schritt bei Bedarf wiederholen.

Das Pilzpulver in einen luftdichten Behälter füllen, so hält es sich für einige Wochen.

WUSSTEN SIE SCHON

Pilze enthalten einen großen Teil an Eiweiß, Ballaststoffen, Eisen, Zink, Vitamin A, B und D. Die gleiche Menge getrockneter Pilze weist im Vergleich zu frischen Pilzen eine höhere Konzentration an Nährstoffen auf, da frische Pilze zu 80 bis 90 Prozent aus Wasser bestehen.

TIPP

Das Pilzpulver kann zum Verfeinern von Suppen, Soßen oder Risottos verwendet werden.

AKTIVE ZEIT <5 MIN.
GESAMTZEIT <5 MIN.

GRÜNES HIMALAYASALZ

MIT FRISCHEN KRÄUTERN UND ZITRONENABRIEB

FÜR ETWA 200 G

ZUTATEN

5 g Basilikumblätter
5 g Minzblätter
5 g Korianderblätter
2 Zweige Thymian
1 Zweig Rosmarin
Abrieb von ½ Bio-Zitrone
1 TL Sumachpulver
1 Prise Zimtpulver
1 Prise Kardamompulver
170 g Himalayasalz

SO GEHT'S

1. Alle Zutaten bis auf das Himalayasalz in den Mixtopf geben und **4 Sek./Stufe 10** zerkleinern. Mit dem Spatel die Zutaten von den Seiten hinunterschieben.
2. Himalayasalz hinzugeben und **3 Sek./Stufe 10** vermengen.

Das Kräutersalz in einen luftdichten Behälter füllen und an einem vor Sonne geschützten Ort lagern.

WUSSTEN SIE SCHON

Basilikum wird eine heilende Wirkung nachgesagt. Die darin enthaltene Stoffe hemmen Entzündungen und wirken antibakteriell.
Koriander enthält eine Menge an Antioxidantien, ätherischen Ölen und Vitaminen.

Sumachpulver ist ebenfalls voll mit Antioxidantien und kann in den meisten türkischen/internationalen Geschäften erworben werden.

TIPP

Dieses Rezept ist eine tolle Variante, Kräuter zu konservieren, und das Kräutersalz kann wie gewöhnliches Speisesalz zum Kochen und Würzen verwendet werden.

***AKTIVE ZEIT** <5 MIN.*
***GESAMTZEIT** <5 MIN.*

DUKKAH

MIT NÜSSEN UND SAMEN

FÜR ETWA 100 G

ZUTATEN

50 g Cashewkerne
20 g Walnusskerne
20 g Sonnenblumenkerne
1 TL Fenchelsamen
1 EL Kreuzkümmelsamen
1 EL Pfeffer
2 EL Koriandersamen
2 EL Sesamsamen
½ TL Schwarzkümmel
½ TL getrockneter Thymian
½ TL Salz

SO GEHT'S

1. Cashewkerne und Walnusskerne in einer Pfanne ohne Fett etwa 3 Minuten bei mittlerer Hitze leicht anrösten; dabei immer wieder wenden. Anschließend umfüllen.
2. Restliche Zutaten bis auf das Salz vermengen und ebenfalls in die Pfanne geben, auf mittlerer Hitze für eine weitere Minute rösten.
3. Alle Zutaten mit dem Salz in den Mixtopf geben und **5 Sek./Stufe 5** zerkleinern und in einen luftdichten Behälter umfüllen.

TIPP

Dukkah eignet sich wunderbar für Dips oder Salate.

AKTIVE ZEIT *<5 MIN.*
GESAMTZEIT *<9 MIN.*

REMOULADE

MIT FETA

FÜR ETWA 500 G

ZUTATEN

100 g Gewürzgurken
100 g Feta
100 g griechischer Joghurt
50 g Schmand
150 g Mayonnaise
1 TL Senf
2 EL getrockneter Majoran
½ EL Kapern
Salz
Pfeffer

SO GEHT'S

1. Gewürzgurken und Feta in grobe Stücke schneiden und in den Mixtopf geben.
2. Restliche Zutaten ebenfalls in den Mixtopf geben und **3 Sek./Stufe 6** zerkleinern; mit dem Spatel hinunterschieben. Erneut **5 Sek./Stufe 3** vermengen und mit Salz und Pfeffer abschmecken.

Umfüllen und bis zum Verzehr kalt stellen.

VARIANTE

Wer es kräftiger im Geschmack mag, kann den Feta durch Ziegenfrischkäse ersetzen.

AKTIVE ZEIT *<5 MIN.*
GESAMTZEIT *<5 MIN.*

CURRY-HONIG-DIP

MIT OREGANO

FÜR ETWA 320 G

ZUTATEN

150 g griechischer Joghurt
70 g Frischkäse
100 g Schmand
2 TL Currypulver
1 TL Honig
1 EL getrockneter Oregano
Salz
Pfeffer

SO GEHT'S

Alle Zutaten in den Mixtopf geben und **30 Sek./Stufe 3** vermengen. Mit Salz und Pfeffer abschmecken und in einen Behälter füllen.

Den Dip bis zum Servieren kalt stellen und mit frischem Gemüse oder Crackern genießen.

WUSSTEN SIE SCHON

Curry wirkt stimmungssteigernd, soll Menstruationsbeschwerden erleichtern und beugt Gelenkschmerzen vor. In der Alternativmedizin wird Oregano bei Fieber und sogar Hautproblemen eingesetzt.

***AKTIVE ZEIT** <5 MIN.*
***GESAMTZEIT** <5 MIN.*

AIOLI

MIT CHILI

FÜR ETWA 400 G

ZUTATEN

2 Knoblauchzehen, geschält
1 Msp. Chiliflocken
Abrieb von 1 Bio-Limette
1 TL Limettensaft
4 Eigelb, Zimmertemperatur
1 TL Senf
300 g Sonnenblumenöl
Salz
Pfeffer

SO GEHT'S

1. Knoblauchzehen, Chiliflocken und Limettenabrieb in den Mixtopf geben und **4 Sek./Stufe 10** zerkleinern; mit dem Spatel hinunterschieben.
2. Den Schmetterling in den Mixtopf einsetzen. Limettensaft, Eigelb und Senf in den Mixtopf geben. **3 Min./Stufe 3,5** mixen, dabei das Öl langsam in einem dünnen Strahl auf den Mixtopfdeckel laufen lassen, sodass es am Messbecher vorbei in den Mixtopf läuft.

Mit Salz und Pfeffer abschmecken und bis zum Verzehr kalt stellen.

HINWEIS

Damit die Aioli gelingt, ist es wichtig, dass alle Zutaten gleich temperiert sind.

***AKTIVE ZEIT** <5 MIN.*
***GESAMTZEIT** <5 MIN.*

LIMETTEN-KRÄUTERBUTTER & ZITRONEN-KRÄUTERBUTTER

FÜR ETWA 450 G

ZUTATEN

LIMETTEN-KRÄUTERBUTTER

1 Knoblauchzehe, geschält
Abrieb von 1 Bio-Limette
200 g Butter
1½ EL getrocknete Petersilie
1½ EL getrockneter Koriander
¼ TL Salz
1 Prise Pfeffer

ZITRONEN-KRÄUTERBUTTER

1 Knoblauchzehe, geschält
Abrieb von 1 Bio-Zitrone
200 g Butter
1 EL getrockneter Thymian
1 EL getrockneter Oregano
½ EL getrockneter Rosmarin
½ EL getrocknetes Basilikum
¼ TL Salz
1 Prise Pfeffer

SO GEHT'S

1. LIMETTEN-KRÄUTERBUTTER: Knoblauch in den Mixtopf geben und **3 Sek./Stufe 10** zerkleinern. Mithilfe des Spatels hinunterschieben.
2. Limettenabrieb, Butter, Kräuter, Salz und Pfeffer hinzugeben und **3 Sek./Stufe 10** vermengen. Die Kräuterbutter auf ein Stück Backpapier stürzen und mithilfe des Backpapiers zu einer Rolle formen.

1. ZITRONEN-KRÄUTERBUTTER: Knoblauch in den Mixtopf geben und **3 Sek./Stufe 10** zerkleinern. Mithilfe des Spatels hinunterschieben.
2. Zitronenanbrieb, Butter, Kräuter, Salz und Pfeffer hinzugeben und **3 Sek./Stufe 10** vermengen. Die Kräuterbutter auf ein Stück Backpapier stürzen und mithilfe des Backpapiers zu einer Rolle formen.

HINWEIS

Die Kräuterbutter wird aromatischer, wenn sie vor dem Verzehr 1 Stunde kalt gestellt wird.

TIPP

Die Butter kann gut eingefroren und zu einem anderen Zeitpunkt verwendet werden.

AKTIVE ZEIT <9 MIN.
GESAMTZEIT <9 MIN.

CASHEWKERN-CREME

ALS LAKTOSEFREIER MILCH- UND SAHNEERSATZ

FÜR ETWA 300 G

ZUTATEN

100 g Cashewkerne

SO GEHT'S

Cashewkerne und 200 g Wasser in den Mixtopf geben und **1 Min. 40 Sek./Stufe 10** pürieren.

Die Masse in ein Gefäß mit Deckel füllen und im Kühlschrank bis zum Verzehr aufbewahren.

VARIANTE

Für eine mediterrane Note können ein paar frische Kräuter (Thymian, Oregano, Majoran etc.) und eine Knoblauchzehe vor dem Mixvorgang hinzugegeben werden.

WUSSTEN SIE SCHON

Cashewkerne liefern eine Vielzahl an ungesättigten Fettsäuren. Durch den hohen Magnesiumanteil stärken sie die Nerven und machen durch das darin enthaltene Tryptophan und Serotonin auch noch glücklich.

TIPP

Für eine cremigere Konsistenz Cashewkerne über Nacht in Wasser einlegen. Wasser anschließend abgießen und wie oben beschrieben verfahren.

AKTIVE ZEIT *<5 MIN.*
GESAMTZEIT *<5 MIN.*

<9 MIN. IHRER ZEIT

ZITRONEN-INGWER-»HONIG«

FÜR ETWA 160 G

ZUTATEN

75 g Zitronensaft
Abrieb von ½ Bio-Zitrone
75 g Zucker
10 g Ingwer, geschält

SO GEHT'S

1. Alle Zutaten in den Mixtopf geben und **20 Sek./Stufe 10** zerkleinern.
2. **7 Min./Varoma/Stufe 2** ohne Einsatz des Messbechers einreduzieren lassen.
3. **10 Sek./Stufe 10** pürieren.

In einen Behälter mit Schraubverschluss geben und lichtgeschützt lagern. Der Zitronen-Ingwer-»Honig« ist so gelagert bis zu 3 Wochen haltbar.

WUSSTEN SIE SCHON

Zitronen enthalten Vitamin C und Antioxidantien. Sie entgiften und entwässern.

Ingwer hemmt Entzündungen, fördert die Verdauung und hilft bei Übelkeit.

TIPP

Den Zitronen-Ingwer-Honig nach Belieben mit frischer Minze und heißem Wasser als Tee, mit kaltem Wasser als Erfrischungsgetränk oder mit Sekt genießen.

AKTIVE ZEIT <5 MIN.
GESAMTZEIT <9 MIN.

GEMÜSEGRUNDSTOCK

FÜR ETWA 850 G

ZUTATEN

1 Zwiebel, geschält und halbiert
2 Knoblauchzehen, geschält
15 g Ingwer, geschält
1 EL Olivenöl
150 g Möhren, geschält und halbiert
140 g Stangen-Sellerie, halbiert
3 Frühlingszwiebeln, halbiert
150 g Pastinaken, geschält und halbiert
80 g Zucchini, in Stücke geschnitten
40 g Petersilie
80 g Champignons
3 getrocknete Lorbeerblätter
30 Pfefferkörner
3 ganze Nelken
2 TL Liebstöckelpulver
50 g trockener Weißwein
110 g Meersalz

SO GEHT'S

1. Zwiebel, Knoblauch und Ingwer in den Mixtopf geben und **5 Sek./Stufe 5** hacken. Mithilfe des Spatels hinunterschieben.
2. Olivenöl hinzugeben und **2 Min./Varoma/Stufe 1** dünsten.
3. 150 g Wasser und restliche Zutaten hinzugeben und **20 Sek./Stufe 5** pürieren.
4. Messbecher entfernen, Gareinsatz auf den Mixtopfdeckel setzen und **20 Min./Varoma/Stufe 2** kochen.
5. **15 Sek./Stufe 10** pürieren.
6. Den Gemüsegrundstock in ein Einmachglas füllen und abkühlen lassen.

Im Kühlschrank gelagert hält sich der Gemüsegrundstock einige Monate.

TIPP

Der Gemüsegrundstock dient als Basis einer Gemüsebrühe und kann in Soßen, Risottos oder Suppen verwendet werden.

AKTIVE ZEIT <9 MIN.
GESAMTZEIT 30 MIN.

DRINKS

VEGANER BANANEN-KAKAO

MIT MANDELMILCH UND DATTELN

FÜR 4 PERSONEN

ZUTATEN

80 g Mandeln
1 Banane, geschält
15 g ungesüßtes Kakaopulver
50 g Datteln, entkernt

SO GEHT'S

400 g Wasser, Mandeln, Banane, Kakaopulver und Datteln in den Mixtopf geben. Anschließend **1 Min./Stufe 10** pürieren und sofort servieren.

WUSSTEN SIE SCHON

Kakao enthält mehr Magnesium als Leinsamen oder Nüsse! Kakao ist reich an Calcium, Eisen und Antioxidantien und enthält viele ungesättigte Fettsäuren.

AKTIVE ZEIT <5 MIN.
GESAMTZEIT <5 MIN.

KOKOSNUSS-MATCHA-SMOOTHIE

FÜR 2 PERSONEN

ZUTATEN

400 g Kokosnussmilch
3 TL Matchapulver
100 g Datteln, entkernt
100 g Eiswürfel
½ TL Vanilleextrakt

SO GEHT'S

1. Datteln 10 Minuten in Wasser einlegen und das Wasser danach entsorgen.
2. Alle Zutaten in den Mixtopf geben und **3 Min./Stufe 10** mixen. Smoothie bis zum Servieren kalt stellen. Der Smoothie hält sich bis zu einem Tag im Kühlschrank.

WUSSTEN SIE SCHON

Matcha enthält viele Antioxidantien, stärkt die Konzentration und kommt dem Erinnerungsvermögen zugute. Matcha hilft zudem bei der Verbrennung von Kalorien.

Datteln enthalten viele Mineralien und Vitamine, wie zum Beispiel Calcium, Natrium, Eisen, Kalium, Magnesium, Vitamin A und K.

AKTIVE ZEIT <5 MIN.
GESAMTZEIT <5 MIN.

INGWER-KOKOSNUSS-GETRÄNK

MIT KURKUMA

FÜR 2 PERSONEN

ZUTATEN

10 g Ingwer, geschält
10 g Kurkuma, geschält (alternativ 1 TL Kurkumapulver)
½ TL Pfeffer
½ TL Muskatnusspulver
½ TL Zimtpulver
1½ EL Honig
160 g Kokosnussmilch

SO GEHT'S

1. Ingwer und Kurkumawurzel halbieren, in den Mixtopf geben und **5 Sek./Stufe 10** zerkleinern; mit dem Spatel hinunterschieben.
2. 250 g Wasser und restliche Zutaten in den Mixtopf geben, **30 Sek./Stufe 10** vermengen und **6 Min./100 °C/Stufe 2** aufkochen lassen.

Etwas abkühlen lassen und servieren.

WUSSTEN SIE SCHON

Dieses Getränk stärkt das Immunsystem und hilft bei Erkältungen.

TIPP

Kurkuma färbt den Deckel des Mixtopfes etwas gelblich. Dies verblasst mit der Zeit. Um das Verblassen zu beschleunigen, kann der Deckel direktem Sonnenlicht ausgesetzt werden.

AKTIVE ZEIT *<10 MIN.*
GESAMTZEIT *15 MIN.*

ZIMT-PROTEIN-SHAKE

MIT MANDELN

FÜR 1–2 PERSONEN

ZUTATEN

80 g Mandeln
10 Datteln, entkernt und 10 Minuten in Wasser eingelegt
2 TL Vanilleextrakt
300 g Mandelmilch
1 Prise Muskatnusspulver
½ TL Zimtpulver
150 g Eiswürfel

SO GEHT'S

300 g Wasser sowie alle Zutaten in den Mixtopf geben und **1 Min./Stufe 10** pürieren.

Sofort servieren oder bis zum Verzehr kalt stellen.

WUSSTEN SIE SCHON

Zimt kann bei der Senkung des Blutzuckerwertes und Cholesterinspiegels helfen. Er kurbelt nicht nur den Stoffwechsel an, sondern weist antimikrobielle Fähigkeiten auf.

AKTIVE ZEIT *<5 MIN.*
GESAMTZEIT *15 MIN.*

GRÜNER SMOOTHIE

MIT BRUNNENKRESSE

FÜR 4 PERSONEN

ZUTATEN

3 EL Chiasamen
2 EL Leinsamen
10 g Ingwer, geschält
25 g Koriander
30 g Petersilie
25 g Brunnenkresse, Blätter
1 Banane, geschält
1 Stange Sellerie
1 Apfel, entkernt
1 Orange, geschält
100 g Eiswürfel
½ Zitrone, geschält

SO GEHT'S

1. Chiasamen, Leinsamen und Ingwer in den Mixtopf geben und **20 Sek./Stufe 10** pürieren.
2. 550 g kaltes Wasser und restliche Zutaten hinzugeben und **2 Min./Stufe 10** mixen.
3. Grünen Smoothie direkt servieren, oder bis zu einem Tag im Kühlschrank lagern.

WUSSTEN SIE SCHON

Brunnenkresse gilt als das gesündeste und nährstoffreichste Gemüse!

TIPP

Für einen reichhaltigeren und cremigeren Smoothie kann statt Wasser auch Kokosnussmilch verwendet werden.

AKTIVE ZEIT *<10 MIN.*
GESAMTZEIT *<10 MIN.*

xoxo

BEEREN-SMOOTHIE

MIT KOKOSNUSSWASSER

FÜR 2 PERSONEN

ZUTATEN

100 g Kokosnusswasser
150 g Mandelmilch
12 Mandeln
150 g gemischte TK-Beeren
1 Banane, geschält
2 TL Chiasamen
1 TL Vanilleextrakt
1 TL Leinsamen
1 EL Kokosnussöl
100 g Eiswürfel

SO GEHT'S

Alle Zutaten in den Mixtopf geben und **1 Min./Stufe 10** pürieren. Sofort servieren oder bis zum Verzehr kalt stellen.

WUSSTEN SIE SCHON

Kokosnusswasser ist ein isotonisches Getränk und gilt demnach als wundervoller Energiespender. Es enthält einen hohen Kaliumanteil und ist reich an Antioxidantien.

AKTIVE ZEIT *<5 MIN.*
GESAMTZEIT *<5 MIN.*

HORCHATA-REISGETRÄNK

MIT HIMBEEREN

FÜR 2 PERSONEN

ZUTATEN

200 g Vollkornreis
100 g Mandeln
1 TL Zimtpulver
2 TL Vanilleextrakt
2 EL Ahornsirup
100 g Eiswürfel
50 g Himbeeren

SO GEHT'S

1. Den Reis in den Gareinsatz geben, gründlich unter fließendem Wasser waschen und ohne Gareinsatz in den Mixtopf geben.
2. 700 g Wasser, Mandeln, Zimtpulver und Vanilleextrakt zu dem Reis hinzugeben. **30 Sek./Stufe 10** zerkleinern, umfülllen und abgedeckt über Nacht im Kühlschrank quellen lassen.
3. Am nächsten Tag das Reisgemisch in den Mixtopf geben, **5 Sek./ Stufe 10** mixen.
4. Das Gemisch durch ein Sieb passieren und in einem Behälter auffangen. Den verbleibenden Reis im Sieb entsorgen.
5. 300 g Wasser, aufgefangenes Reisgetränk und die restlichen Zutaten in den Mixtopf geben und **20 Sek./Stufe 10** pürieren.

Sofort servieren oder bis zum Verzehr kalt stellen.

AKTIVE ZEIT *10 MIN.*
GESAMTZEIT *12 STD. 10 MIN.*

BLAUBEER-SMOOTHIE

MIT ZIMT

FÜR 2 PERSONEN

ZUTATEN

50 g Mandeln
1 Banane, geschält
150 g TK-Blaubeeren
½ TL Zimtpulver
¼ TL Muskatnusspulver
100 g Kokosnusswasser
3 große Basilikumblätter
150 g Eiswürfel
1 TL Vanilleextrakt

SO GEHT'S

100 g Wasser sowie alle Zutaten in den Mixtopf geben und **1 Min./ Stufe 10** pürieren.
Direkt servieren oder bis zum Verzehr kaltstellen.

HINWEIS

Mandeln enthalten Phytinsäure und andere Stoffe, die die Verdauung von Mineralien wie Calcium, Eisen, Zink und Magnesium behindern. Bei häufigerem Verzehr ist es ratsam, sie über Nacht in Wasser einzuweichen, um die Phytinsäure zu neutralisieren. Das Wasser wird nach dem Einweichen entsorgt.

AKTIVE ZEIT *<5 MIN.*
GESAMTZEIT *<5 MIN.*

FRUCHT-SMOOTHIE

MIT MINZE UND AHORNSIRUP

FÜR 2 PERSONEN

ZUTATEN

250 g Kokosnussmilch
200 g gemischte TK-Früchte
1 Banane, geschält
1 Orange, geschält
1 EL Ahornsirup
1 TL Kokosnussöl
2 Blätter Minze
150 g Eiswürfel

SO GEHT'S

Alle Zutaten in den Mixtopf geben und **1 Min./Stufe 10** pürieren. Sofort servieren oder bis zum Verzehr kalt stellen.

WUSSTEN SIE SCHON

Kokosnussmilch ist nahrhaft und ballaststoffreich. Sie enthält viele Vitamine und Mineralien, wie z. B. Vitamin B1, B2, B5, B und C sowie Mineralien wie Calcium, Magnesium und Natrium.

Kokosnussmilch ist laktosefrei und kann somit wunderbar als Kuhmilchersatz verwendet werden.

***AKTIVE ZEIT** <5 MIN.*
***GESAMTZEIT** <5 MIN.*

ERDBEER-BUTTERMILCH

MIT ZITRONENSAFT

FÜR 2 PERSONEN

ZUTATEN

50 g Zitronensaft
300 g kalte Vollmilch
40 g Zucker
150 g Erdbeeren, vom Strunk befreit

SO GEHT'S

1. Zitronensaft in ein hohes Gefäß füllen. Vollmilch langsam über den Zitronensaft gießen und 10 Minuten stehen lassen. Die Vollmilch reagiert mit dem Zitronensaft und dickt an.
2. Zucker in den Mixtopf geben, **10 Sek./Stufe 10** pulverisieren.
3. Erdbeeren ebenfalls in den Mixtopf geben und **15 Sek./Stufe 10** mixen.
4. Buttermilch hinzufügen und **3 Sek./Stufe 6** verrühren.

Bis zum Verzehr kaltstellen und innerhalb eines Tages verzehren.

AKTIVE ZEIT <5 MIN.
GESAMTZEIT 15 MIN.

SNACKS

MÜSLIRIEGEL

MIT NÜSSEN

FÜR 20 RIEGEL

ZUTATEN

60 g Mandeln
30 g Walnusskerne
30 g Pekannüsse
10 g Sesamsamen
10 g Leinsamen
25 g Erdnüsse
150 g Haferflocken
15 g ungesüßte Kokosnussflocken
40 g brauner Zucker
100 g Honig
2 TL Vanilleextrakt
35 g Sonnenblumenöl
1 Prise Salz

SO GEHT'S

1. Backofen auf 180 °C Ober-/Unterhitze (160 °C Umluft) vorheizen. Eine ofenfeste Form (30 × 20 cm) mit Backpapier auslegen und beiseite stellen.
2. Alle Nüsse und Samen in den Mixtopf geben und **3 Sek./Stufe 5** zerkleinern.
3. Restliche Zutaten hinzugeben und **30 Sek./Linkslauf/Stufe 3** vermengen.
4. Masse in die Form geben, gleichmäßig verteilen und fest in die Form eindrücken. Mit einem Messer die Masse in 3 × 10 cm große Riegel vorschneiden.
5. Riegel auf mittlerer Schiene 30 Minuten oder bis zur gewünschten Bräune backen.
6. Riegel mit dem Backpapier aus der Form herausheben und auf eine Arbeitsfläche geben. Riegel etwas auseinanderschieben und vollständig auskühlen lassen.

Riegel bis zum Verzehr in einem luftdichten Behälter aufbewahren. Sie halten sich mehrere Wochen.

AKTIVE ZEIT *15 MIN.*
GESAMTZEIT *55 MIN.*

GRANOLA

MIT NÜSSEN UND HONIG

FÜR 10 PERSONEN

ZUTATEN

50 g Walnusskerne
100 g Cashewkerne
100 g Mandeln
50 g Pekannusskerne
300 g Haferflocken
100 g ungesüßte Kokosnussflocken
100 g Sesamsamen
100 g brauner Zucker
100 g Honig
50 g Sonnenblumenöl
¼ TL Salz
3 TL Vanilleextrakt
1 Eiweiß

SO GEHT'S

1. Den Backofen auf 175 °C Ober-/Unterhitze (155 °C Umluft) vorheizen. Ein Backblech mit Backpapier auslegen und beiseite stellen.
2. Die Hälfte der Walnusskerne, die Hälfte der Cashewkerne und die Hälfte der Mandeln in den Mixtopf geben und **3 Sek./Stufe 7** zerkleinern.
3. Die restlichen Hälften der Kerne und Mandeln sowie die Pekannusskerne hinzugeben und **3 Sek./Stufe 4** zerkleinern.
4. Restliche Zutaten und 1 Esslöffel Wasser in den Mixtopf geben. Mithilfe des Spatels **1 Min./Linkslauf/Stufe 4** vermengen.
5. Masse gleichmäßig auf dem Backblech verteilen und auf mittlerer Schiene 20 Minuten backen. Granolamasse vorsichtig auf dem Blech umrühren und weitere 20 Minuten oder bis zur gewünschten Bräune backen. Auf dem Backblech vollständig auskühlen lassen. Anschließend in einen luftdichten Behälter umfüllen.

Das Granola hält sich mehrere Wochen.

TIPP

Das Granola kann hervorragend mit Joghurt oder Quark und frischen Früchten zum Frühstück genossen werden.

AKTIVE ZEIT *10 MIN.*
GESAMTZEIT *40 MIN.*

ENERGIEBÄLLE

IN ZWEI VARIANTEN

FÜR 35–40 ENERGIEBÄLLE
PRO VARIANTE

ZUTATEN

SCHOKO-BÄLLE

100 g Mandeln
100 g Walnusskerne, geröstet
20 g Leinsamen
40 g Kokosnussflocken
100 g Agavendicksaft
¼ TL Salz
90 g Haferflocken
2 TL Vanilleextrakt
1 TL Zimtpulver
100 g Zartbitterschokolade, in Stücken

DATTEL-BÄLLE

8 Datteln, entkernt und 10 Min. in Wasser eingeweicht
2 EL Chiasamen
100 g Haferflocken
30 g Sesamsamen
100 g Pekannüsse
¼ TL Salz
70 g Agavendicksaft
3 EL Leinsamen

BELAG FÜR BEIDE VARIANTEN

4 EL Sesamsamen
4 EL Kokosnussflocken
4 EL Chiasamen
4 EL ungesüßtes Kakaopulver

SO GEHT'S

1. SCHOKO-BÄLLE und DATTEL-BÄLLE: Jeweils alle Zutaten sowie 2 Esslöffel Wasser in den Mixtopf geben und **20 Sek./Stufe 10** zerkleinern, mit dem Spatel beim Verrühren helfen. Mit feuchten Händen die Masse in 2–3 cm große Bälle formen.
2. BELAG: Die verschiedenen Dekorationen auf kleine Schüsseln verteilen und die Bälle darin nach Wunsch wälzen, bis die Oberfläche vollständig bedeckt ist. Dies schützt die Energiebälle vor dem Austrocknen.

Die fertigen Energiebälle bis zum Verzehr abgedeckt im Kühlschrank aufbewahren oder einfrieren.

AKTIVE ZEIT *35 MIN.*
GESAMTZEIT *35 MIN.*

AMERIKANISCHE PFANNKUCHEN

MIT MANDELMILCH

FÜR 12 MITTLERE PFANNKUCHEN

ZUTATEN

50 g Sonnenblumenöl
400 g Mandelmilch
3 Eier
70 g Ahornsirup
2 TL Vanilleextrakt
250 g Weizenmehl, Type 405
1 TL Backpulver
1 Prise Salz

AUSSERDEM

Sonnenblumenöl für die Pfanne

SO GEHT'S

1. Alle Zutaten in den Mixtopf geben und **16 Sek./Stufe 6** vermengen. Den Teig 20 Minuten quellen lassen.
2. Etwas Fett in einer Pfanne bei mittlerer Hitze erwärmen. Eine halbe Kelle Teig in die Pfanne geben und Pfannkuchen von beiden Seiten goldgelb ausbacken.

Pfannkuchen sofort servieren.

VARIANTE

Beim Ausbacken der Pfannkuchen können frische Beeren, Apfel- oder Bananenstücke darüber gegeben werden. Pfannkuchen wie gewohnt von beiden Seiten ausbacken.

Für eine deftige Variante den Ahornsirup und Vanilleextrakt weglassen und zerkleinerten Feta, gehackte Zwiebeln sowie getrocknete Tomaten zum Teig hinzugeben.

AKTIVE ZEIT *25 MIN.*
GESAMTZEIT *50 MIN.*

JOGHURT-GRANOLA

MIT ERDBEEREN

FÜR 4 PERSONEN

ZUTATEN

ERBEERPÜREE

50 g Zucker

250 g Erdbeeren, entstrunkt

3 Datteln, entkernt

25 g Zitronensaft

BELAG

400 g griechischer Joghurt

100 g Granola (siehe S. 67)

10 Erdbeeren, entstrunkt

1 Banane, geschält und in Scheiben geschnitten

SO GEHT'S

1. ERDBEERPÜREE: Alle Zutaten für das Erdbeerpüree in den Mixtopf geben, **10 Sek./Stufe 10** zerkleinern und umfüllen.
2. BELAG: 4 Behälter in sich wiederholender Reihenfolge befüllen: 2 Esslöffel Joghurt, 2 Esslöffel Granola, 2 Esslöffel Erdbeerpüree und Erdbeer-/Bananenscheiben. Diesen Vorgang wiederholen, bis die Behälter vollständig befüllt sind. Mit Bananen-/Erdbeerscheiben abschließen.

Granola sofort servieren oder bis zum Verzehr im Kühlschrank lagern.

AKTIVE ZEIT 15 MIN.
GESAMTZEIT 15 MIN.

AÇAÍ-FRÜHSTÜCKSSCHALE

MIT FRISCHEM OBST

FÜR 1 PORTION

ZUTATEN

PÜREE

30 g Chiasamen

200 g TK-Açaí-Beerenpüree*

1½ Bananen, geschält

100 g TK-Beeren, gemischt

DEKORATION

½ Banane, geschält und in Scheiben geschnitten

1 Handvoll Früchte und Beeren, in mundgerechten Stücken

2 EL Chiasamen

3 EL Kokosnussflocken

3 EL Granola (siehe S. 67)

*kann durch 200 g TK-Beeren ersetzt werden

SO GEHT'S

1. PÜREE: Chiasamen in den Mixtopf geben und **10 Sek./Stufe 10** pulverisieren; mit dem Spatel hinunterschieben.
2. Restliche Zutaten für das Açaí-Püree in den Mixtopf geben und unter Zuhilfenahme des Spatels **10 Sek./Stufe 10** mixen; umfüllen.
3. DEKORATION: Açaí-Püree mit dem Obst und den restlichen Zutaten dekorieren und sofort servieren.

AKTIVE ZEIT *<10 MIN.*
GESAMTZEIT *<10 MIN.*

SOMMERROLLEN

MIT QUINOA UND GRÜNKOHL

FÜR 9 SOMMERROLLEN

ZUTATEN

1 Handvoll Grünkohl, grob gehackt*
5 Zweige Petersilie mit Grün
2 Schalotten, geschält und halbiert
2 Knoblauchzehen, geschält
10 g Ingwer, geschält
1 EL Kokosnussöl
200 g Quinoa
20 g Gemüsegrundstock (siehe S. 39)
1 Handvoll Cashewkerne
Salz
Pfeffer
9 getrocknete Reisblätter (Ø 20 cm)

Süßsauer-Soße (optional)

*kann durch Babyspinat ersetzt werden

SO GEHT'S

1. Grünkohl und Petersilie in den Mixtopf geben und **5 Sek./Stufe 5** zerkleinern; umfüllen.
2. Schalotten, Knoblauch und Ingwer in den Mixtopf geben und **5 Sek./Stufe 5** hacken und mit dem Spatel hinunterschieben.
3. Kokosnussöl hinzugeben und **3 Min./Varoma/Stufe 1** dünsten.
4. Quinoa in den Gareinsatz geben und unter fließendem Wasser gründlich waschen. Quinoa gut abtropfen lassen und ohne Gareinsatz in den Mixtopf geben. 350 g Wasser und Gemüsegrundstock hinzufügen und **15 Min./Varoma/Linkslauf/Stufe 1** kochen. Quinoa 15 Minuten abgedeckt ziehen lassen.
5. Zerkleinerten Grünkohl und Petersilie mit Cashews zum Mixtopf dazugeben und gut verrühren. Anschließend mit Salz und Pfeffer abschmecken.
6. In einen flachen Teller Wasser füllen und ein Reisblatt von beiden Seiten insgesamt 1 Minute einweichen. Reisblatt mit der Füllung belegen, gegenüberliegende Seiten zur Mitte hin einklappen und fest einrollen. Für die restlichen Reisblätter wiederholen.

Die Sommerrollen können sofort mit Süßsauer-Soße serviert werden, oder bis zu einem Tag abgedeckt im Kühlschrank gelagert werden.

***AKTIVE ZEIT** 20 MIN.*
***GESAMTZEIT** 1 STD.*

WRAPS

MIT TOMATEN-SCHMAND-FÜLLUNG

FÜR 4 MITTELGROSSE WRAPS

ZUTATEN

TEIG

240 g Weizenmehl, Type 405

25 g Sonnenblumenöl

1 TL Backpulver

1 TL Salz

FÜLLUNG

40 g Schalotten, geschält und halbiert

160 g Schmand

550 g Cocktailtomaten, entstrunkt und geviertelt

Salz

Pfeffer

SO GEHT'S

1. TEIG: 100 g Wasser in den Mixtopf geben und **2 Min./40 °C/Stufe 1** erhitzen.
2. Restliche Zutaten für den Teig dazugeben und **3 Min./Teigstufe** kneten. Den Teig zur Kugel formen und 30 Minuten abgedeckt ruhen lassen.
3. FÜLLUNG: In der Zwischenzeit Schalotten in den Mixtopf geben und **5 Sek./Stufe 5** zerkleinern. Schmand hinzufügen und **4 Sek./Stufe 4** vermengen.
4. Tomaten zu der Schmand-Füllung hinzugeben und vorsichtig mit dem Spatel unterheben. Die Füllung mit Salz und Pfeffer kräftig würzen.
5. Den Teig in 4 gleich große Teile teilen und auf einer gut bemehlten Arbeitsfläche jeweils zu Ø 25 cm ausrollen.
6. In einer erhitzten Pfanne werden die Fladen ohne Fett auf mittlerer Hitze 1 Minute pro Seite ausgebacken. Die Fladen auf einen Teller geben und bis zur weiteren Verwendung mit einem Küchentuch abdecken, da sie ansonsten austrocknen.
7. Jeden Fladen mit etwas Tomaten-Schmand-Füllung mittig belegen. Die belegten Fladen zu einem Wrap falten.

Die Wraps bis zum Verzehr abgedeckt lagern.

AKTIVE ZEIT *25 MIN.*
GESAMTZEIT *1 STD.*

CHAMPIGNONPIZZA

MIT PARMESANSOSSE

FÜR 6 KLEINE PIZZEN

ZUTATEN

TEIG

½ EL Zucker

½ Päckchen Trockenhefe à 7 g (10 g Frischhefe)

400 g Weizenmehl, Type 405

120 g Hartweizengrieß

2 TL Salz

SOSSE

40 g Parmesan, in Stücken

3 Knoblauchzehen, geschält

120 g Feta

250 g Schmand

1 EL Olivenöl

1 EL Pilzpulver (siehe S. 21, optional)

Salz

Pfeffer

BELAG

270 g Champignons

Olivenöl zum Beträufeln

SO GEHT'S

1. TEIG: 350 g Wasser, Zucker und Hefe in den Mixtopf geben und **3 Min./37 °C/Stufe 2,5** auflösen.
2. Weizenmehl, Hartweizengrieß und Salz dazugeben und **5 Min./Teigstufe** zu einem glatten Teig verkneten. Pizzateig in eine Schüssel umfüllen und abgedeckt 2 Stunden an einem warmen Ort ruhen lassen.
3. SOSSE: Parmesan und Knoblauch im **Mixtopf 5 Sek./Stufe 10** zerkleinern.
4. Feta, Schmand, Olivenöl und Pilzpulver hinzugeben und **30 Sek./Stufe 5** vermengen. Anschließend mit Pfeffer und Salz abschmecken und bis zur weiteren Verwendung kalt stellen.
5. Champignons in feine Scheiben schneiden und zur Seite stellen.
6. Pizzateig auf einer bemehlten Arbeitsfläche in 6 gleich große Stücke teilen. Jeden Teigling auf etwa 15 × 20 cm ausrollen und auf ein mit Backpapier ausgelegtes Backblech legen.
7. BELAG: Soße gleichmäßig auf die ausgerollten Teiglinge verteilen, jedoch 1 cm Rand aussparen. Die vorbereiteten Champignonscheiben auf den Pizzen verteilen, mit Olivenöl beträufeln und 30 Minuten ruhen lassen.
8. Backofen auf 260 °C Ober-/Unterhitze vorheizen (240 °C Umluft). Pizzen auf mittlerer Schiene 10 Minuten oder bis zur gewünschten Bräune backen.

AKTIVE ZEIT 20 MIN.
GESAMTZEIT 3 STD. 10 MIN.

FRÜHSTÜCKSBISKUITS

MIT SHRIMPS

FÜR 12 BISKUITS

ZUTATEN

SHRIMPS

100 g Gouda, in Stücken
4 EL Dill, grob gehackt
2 Frühlingszwiebeln, gedrittelt
3 Schalotten, geschält
1 Knoblauchzehe, geschält
2 EL Olivenöl
500 g Shrimps, geschält und gesäubert
1 EL Rosmarinnadeln
Salz
Pfeffer

BISKUITS

100 g kalte Buttermilch
150 g kalte Butter, in Stücken
1 Prise Zucker
400 g Weizenmehl, Type 405
1 ½ TL Backpulver
½ TL Salz
½ TL Natron
100 g Parmesankäse, in Stücken

SO GEHT'S

1. SHRIMPS: Gouda, Dill und Frühlingszwiebeln in den Mixtopf geben, **15 Sek./Stufe 8** zerkleinern und umfüllen.
2. Schalotten und Knoblauchzehe in den Mixtopf geben, **4 Sek./Stufe 4** zerkleinern.
3. Olivenöl hinzugeben und **3 Min./Varoma/Stufe 1** anbraten.
4. Shrimps und Rosmarinnadeln ebenfalls hinzugeben und **5 Min./Varoma/Linkslauf/Stufe 1** braten. Mit Salz und Pfeffer abschmecken.
5. Zerkleinerten Gouda, Dill und Frühlingszwiebeln hinzufügen und **3 Sek./Stufe 6** vermengen; umfüllen und kalt stellen.
6. Backofen auf 180 °C Ober-/Unterhitze (160 °C Umluft) vorheizen. Ein Muffinblech mit Fett ausstreichen und beiseite stellen.
7. BISKUITS: Zutaten für den Biskuitteig in den Mixtopf geben und **35 Sek./Linkslauf/Stufe 4** vermengen.
8. Die Shrimpsmasse hinzugeben und **35 Sek./Linkslauf/Stufe 4** vermengen.
9. Teig auf eine Arbeitsfläche stürzen, zu einer 30 cm langen Rolle formen, in 12 Stücke teilen und in die Muffinförmchen hineingeben.
10. Parmesankäse in den gesäuberten Mixtopf geben, **10 Sek./Stufe 8** zerkleinern und über die Biskuits streuen. Auf mittlerer Schiene 30 Minuten oder bis zur gewünschten Bräune backen.

Vor dem Servieren etwas abkühlen lassen.

AKTIVE ZEIT *25 MIN.*
GESAMTZEIT *1 STD. 5 MIN.*

REISBÄLLE

MIT KÄSE UND SPECK

FÜR ETWA 15 REISBÄLLE

ZUTATEN

REISBÄLLE

50 g Speckwürfel
3 Frühlingszwiebeln, geviertelt
½ Handvoll Petersilienblätter
½ Handvoll Korianderblätter
200 g Gouda, mittelalt und in groben Stücken
500 g gekochter Reis, abgekühlt
1 TL Sesamöl
2 EL Sojasoße
¼ TL Pfeffer

SOSSE

Abrieb von ½ Bio-Zitrone
½ Handvoll Korianderblätter
½ Stange Sellerie, halbiert
½ TL Kreuzkümmelpulver
2 EL Mayonnaise
1 EL Sojasoße
1 TL Senf
250 g griechischer Joghurt
½ TL Zucker
1 TL Worcestershire-Soße (optional)
Salz
Pfeffer

SO GEHT'S

1. Backofen auf 200 °C Ober-/Unterhitze (180 °C Umluft) vorheizen und ein Backblech mit Backpapier auslegen.
2. REISBÄLLE: Speck in den Mixtopf geben und **4 Min./Varoma/Linkslauf/Stufe 1** anbraten.
3. Frühlingszwiebeln, Petersilie, Korianderblätter und Gouda hinzugeben, **12 Sek./Stufe 9** zerkleinern und mit dem Spatel hinunterschieben.
4. Restliche Zutaten für die Reisbälle sowie 3 Esslöffel Wasser hinzufügen und **10 Sek./Linkslauf/Stufe 4,5** unter Zuhilfenahme des Spatels vermengen.
5. Masse mit nassen Händen in Ø 5 cm große Bällchen formen, auf dem Backblech verteilen und auf mittlerer Schiene 35–40 Minuten goldgelb backen.
6. SOSSE: In der Zwischenzeit die Soße herstellen. Zitronenabrieb, Korianderblätter sowie Sellerie in den Mixtopf geben und **5 Sek./Stufe 9** zerkleinern, mit dem Spatel hinunterschieben.
7. Restliche Zutaten hinzufügen, **4 Sek./Stufe 6** vermengen und mit dem Spatel hinunterschieben. Erneut **4 Sek./Stufe 4** vermengen. Mit Salz und Pfeffer abschmecken.

Soße in eine Schüssel umfüllen und mit den Reisbällen servieren.

TIPP

Dieses Gericht eignet sich hervorragend für die Verwertung von übrig gebliebenem Reis.

AKTIVE ZEIT *30 MIN.*
GESAMTZEIT *1 STD. 15 MIN.*

HIRTEN-SPARGEL-MUFFINS

MIT ZIEGENFRISCHKÄSE

FÜR 12 MUFFINS

ZUTATEN

150 g grüner Spargel, holzige Enden entfernt

150 g Champignons, geputzt

1 Knoblauchzehe, geschält

2 Schalotten, geschält und halbiert

2 EL Olivenöl

1 EL getrocknete Kräuter der Provence

50 g Zitronensaft

1 TL Butter

100 g Sahne

8 Eier

1 TL Salz

½ TL Pfeffer

100 g Ziegenfrischkäse

AUSSERDEM

Butter für die Form

extra Olivenöl

extra Ziegenfrischkäse

SO GEHT'S

1. Backofen auf 180 °C Ober-/Unterhitze (160 °C Umluft) vorheizen. Ein Muffinblech mit Butter einfetten und beiseite stellen.
2. Spargel dritteln und mit den Champignons in den Mixtopf geben. **3 Sek./Stufe 5** zerkleinern; umfüllen.
3. Knoblauchzehe in den Mixtopf geben und **5 Sek./Stufe 10** zerkleinern. Schalotten hinzufügen **5 Sek./Stufe 5** hacken; mit dem Spatel hinunterschieben.
4. Olivenöl hinzugeben und **4 Min./Varoma/Stufe 1** ohne Messbecher anbraten.
5. Spargel, Champignons, Kräuter, Zitronensaft, Butter und 50 g Sahne hinzugeben. **6 Min./100 °C/Linkslauf/Stufe 2** garen und umfüllen.
6. Schmetterling in den gesäuberten Mixtopf einsetzen, Eier, verbleibenden 50 g Sahne, 2 Esslöffel Wasser, Salz und Pfeffer hinzugeben. **30 Sek./Stufe 4** vermengen.
7. Schmetterling herausnehmen, Spargel-Masse in den Mixtopf geben und **20 Sek./Linkslauf/Stufe 3** vermengen.
8. Masse gleichmäßig in die Muffinförmchen verteilen. In die Mitte eines jeden Muffins etwas Ziegenfrischkäse geben und ein wenig hineindrücken. Muffins auf mittlerer Schiene 20-25 Minuten backen.

Nach dem Backen 5 Minuten in der Form ruhen lassen, mit Olivenöl beträufeln und mit Ziegenfrischkäse servieren.

TIPP

Der Ziegenfrischkäse kann natürlich auch durch Schafskäse ersetzt werden, wenn der Geschmack nicht so intensiv sein soll.

AKTIVE ZEIT *20 MIN.*
GESAMTZEIT *1 STD.*

ZUCCHINI-TARTE

MIT LEINSAMEN-MÜRBETEIG

FÜR 2 PERSONEN

ZUTATEN

MÜRBETEIG

20 g geröstete Leinsamen
70 g Butter
110 g Weizenmehl, Type 405
1 Eigelb
½ TL Salz

DRESSING

60 g Butter
30 g dunkler Balsamicoessig
10 g Rohrzucker
1 Knoblauchzehe, geschält
1 Prise Zimtpulver
Salz
Pfeffer

BELAG

150 g Zucchini

AUSSERDEM

Weizenmehl zum Bestäuben

SO GEHT'S

1. MÜRBETEIG: Leinsamen in den Mixtopf geben und **10 Sek./Stufe 10** pulverisieren.
2. Butter hinzufügen und weitere **3 Sek./Stufe 10** zerkleinern. Mithilfe des Spatels die Butter von den Seiten hinunterschieben.
3. Restliche Zutaten für den Mürbeteig sowie 25 g Wasser hinzugeben und **1 Min./Teigstufe** kneten. Anschließend zur Kugel formen. In Folie gewickelt 20 Minuten im Kühlschrank ruhen lassen.
4. DRESSING: Alle Zutaten für das Dressing in den Mixtopf geben und **5 Sek./Stufe 10** zerkleinern. Anschließend auf **4 Min./100 °C/Stufe 2** erhitzen. Mit Salz und Pfeffer abschmecken.
5. Backofen auf 200 °C Ober-/Unterhitze (180 °C Umluft) vorheizen.
6. Teig auf einer leicht bemehlten Arbeitsfläche im Durchmesser von 30 cm ausrollen. Mithilfe einer 26er Springform einen Kreis ausstechen, die Springform mit Backpapier auslegen und den Teig darauf platzieren. Den Rest des Teiges zu einem 2 cm hohen Rand verarbeiten.
7. BELAG: Zucchini mithilfe eines Kartoffelschälers in dünne Scheiben schneiden. Diese auf dem Teig verteilen und mit einem Pinsel mit dem Dressing bestreichen. Die Tarte auf mittlerer Schiene im vorgeheizten Backofen 30–40 Minuten goldbraun backen.

Vor dem Verzehr 10 Minuten abkühlen lassen.

AKTIVE ZEIT *15 MIN.*
GESAMTZEIT *1 STD. 20 MIN.*

GITTERBROT

MIT KÄSE UND KRÄUTERBUTTER

FÜR 2 PERSONEN

ZUTATEN

200 g Gouda, mittelalt und grob gestückelt

1 Weißbrot oder Sauerteigbrot á 1200 g

200 g Kräuterbutter (siehe S. 33)

SO GEHT'S

1. Backofen auf 180 °C Ober-/Unterhitze (160 °C Umluft) vorheizen und ein Backblech mit Backpapier auslegen.
2. Gouda in den Mixtopf geben und **15 Sek./Stufe 5** zerkleinern; umfüllen und beiseite stellen.
3. Brot mehrmals kreuz und quer 2–3 cm tief einschneiden, jedoch mindestens 2 cm vom Brotboden unbeschnitten lassen. Brot auf das vorbereitete Backblech geben.
4. Kräuterbutter in den Mixtopf geben und **3 Min./80 °C/Stufe 1** schmelzen. Zerkleinerten Gouda hinzugeben und mit dem Spatel gut vermengen.
5. Butter-Käse-Masse gleichmäßig in die Einschnitte des Brotes verteilen.
6. Brot auf mittlerer Schiene 15–20 Minuten goldbraun backen und sofort servieren.

TIPP

Als Brotrezept eignen sich Omas Weißbrote (siehe S. 101).

AKTIVE ZEIT *15 MIN.*
GESAMTZEIT *40 MIN.*

BROT UND BRÖTCHEN

ROGGENSAUERTEIG-ANSATZ

METHODE

1. Tag - Beginn

200 g Roggenkörner in den Mixtopf geben und **1 Min./Stufe 10** pulverisieren. 150 g in ein Glas mit Deckel umfüllen und für den späteren Gebrauch beiseitestellen. 50 g Wasser in den Mixtopf hinzugeben, **4 Sek./Stufe 3,5** vermengen und in eine Schüssel umfüllen. Die Schüssel mit einem feuchten Tuch abdecken and an einem warmen Ort 24 Stunden platzieren.

2. Tag - Füttern

Die Hälfte des angesetzten Roggensauerteiges (50 g) wird entsorgt. Zu der verbliebenen Hälfte werden 25 g der am Tag zuvor zerkleinerten Roggenkörner und 25 g Wasser hinzugegeben und gut vermengt. Die Schüssel mit einem befeuchteten Tuch abdecken and an einem warmen Ort 24 Stunden platzieren.

3.–7. Tag - Stabilisieren

Vorgang von Tag 2 weitere 5 Tage wiederholen. Am siebten Tag sollte sich eine deutliche Aktivität des Sauerteig-Ansatzes bemerkbar machen: Volumenverdopplung nach der Fütterung, viele kleine und große Bläschen, saures aber angenehmes Aroma.

Der aktive Sauerteig-Ansatz kann sofort verwendet oder im Kühlschrank aufbewahrt werden.

HINWEISE

Es kann auch gekauftes Roggenmehl verwendet werden. Allerdings fiel uns dabei die geringere Triebkraft des daraus entstehenden Roggensauerteig-Ansatzes auf.

Wenn der Roggensauerteig-Ansatz nicht innerhalb der oben beschriebenen 7 Tage sein Volumen innerhalb 4–5 Stunden nach der Fütterung verdoppelt, muss der Vorgang vom 3–7. Tag so lange fortgeführt werden, bis dies der Fall ist.

KEINE VERWENDUNG DES SAUERTEIGANSATZES INNERHALB VON 7–10 TAGEN

Wird der Sauerteigansatz innerhalb von 7–10 Tagen nicht zum Backen verwendet bzw. aktiviert/gefüttert, gibt es zwei Optionen:

Option 1 – Sauerteigansatz einfrieren

Der Sauerteigansatz kann in einem luftdichten Gefrierbeutel eingefroren werden. Wird dieser zum Backen benötigt, muss er erst vollständig bei Raumtemperatur aufgetaut und anschließend gefüttert/aktiviert werden (siehe hierzu Beispiel).

Option 2 – Auffrischung

Der im Kühlschrank aufbewahrte Sauterteigansatz kann mit 1 Esslöffel frisch gemahlenem Roggenmehl und 1 Esslöffel Wasser aufgefrischt werden. Dieser wird direkt nach der Auffrischung abgedeckt und bis zum nächsten Backen im Kühlschrank gelagert. Dies ist zwar nicht die Menge an Weizenmehl und Wasser, die zur vollständigen Aktivierung/Fütterung des Sauerteigansatzes benötigt wird, hält diesen jedoch am Leben. Vorteil dabei ist, dass die Menge des Sauerteigansatzes selbst nach längeren Backpausen in Grenzen gehalten wird. Wird der Sauerteigansatz zum Backen benötigt, muss auch dieser nach dem nebenstehenden Beispiel gefüttert/aktiviert werden.

BEISPIEL ZUR AKTIVIERUNG/ FÜTTERUNG DES SAUERTEIG-ANSATZES

Der Roggensauerteigansatz muss vor dem Backen aktiviert bzw. gefüttert werden. Dies geschieht durch Zugabe von gemahlenen Roggenkörnern und Wasser. Das Verhältnis von Roggensauerteig zu frisch gemahlenen Roggenkörnern und Wasser sollte hierbei immer mindestens 2:1:1 (Verdoppelung des Sauerteigansatzvolumens) sein.

BEISPIEL

ZUTATEN

- 100 g Roggensauerteig-Ansatz, aktiv
- 650 g Weizenmehl, Type 550
- 300 g Wasser
- 1 TL Salz

SO GEHT'S

Den Roggensauerteig-Ansatz (100 g) aus dem Kühlschrank nehmen. 50 g Wasser und 50 g Roggenmehl hinzugeben und gut vermischen. An einem warmen Ort abgedeckt 4–5 Stunden ruhen lassen. Er sollte sich verdoppeln (aktiver Roggensauerteigansatz). Eine Hälftes des Ansatzes für das Rezept verwenden und den Rest für das nächste Backen im Kühlschrank aufbewahren.

KÖRNERECKEN

MIT DINKELMEHL

FÜR 8 KÖRNERECKEN

ZUTATEN

TEIG

300 g Dinkelkörner
400 g Wasser
1 TL Zucker
30 g Butter
70 g Joghurt
1 Päckchen Trockenhefe à 7 g (20 g Frischhefe)
2 TL Backmalz
200 g Weizenmehl, Type 550
200 g Weizenmehl, Type 1050
3 TL Salz

AUSSERDEM

100 g gemischte Körner, (z. B. Sonnenblumenkerne, Mohn, Sesamsamen, Kürbiskerne)
Sonnenblumenöl für die Schüssel

SO GEHT'S

1. TEIG: 150 g Dinkelkörner in den Mixtopf geben und **1 Min./Stufe 10** pulverisieren, umfüllen und für die anderen 150 g wiederholen. Das gesamte Dinkelmehl erneut **1 Min./Stufe 10** pulverisieren und anschließend umfüllen.
2. Wasser, Zucker, Butter, Joghurt, Hefe und Backmalz in den Mixtopf geben und **3 Min./37 °C/Stufe 2,5** erwärmen.
3. Zerkleinerte Dinkelkörner und restliche Mehltypen sowie das Salz in den Mixtopf geben. **3 Min./Teigstufe** kneten. In eine leicht gefettete Schüssel geben und 1 Stunde an einem warmen Ort gehen lassen, oder bis sich das Volumen verdoppelt hat.
4. Teig auf eine Arbeitsfläche stürzen, vorsichtig zu einer Kugel formen und unter wenig Druck zu einem Kreis mit Ø 24 cm ausrollen. Den Kreis achteln und mit Wasser besprühen.
5. BELAG: Körner in einen tiefen Teller geben und die Teiglinge darin wälzen (Ober-/ Unterseite). Brötchen auf ein mit Backpapier ausgelegtes Blech legen und 30 Minuten an einem warmen Ort abgedeckt gehen lassen.
6. In der Zwischenzeit eine ofenfeste Form auf die unterste Schiene des Backofen stellen. Den Backofen auf 220 °C Ober-/Unterhitze (200 °C Umluft) vorheizen.
7. Teiglinge nochmals mit Wasser besprühen und das Backblech auf mittlerer Schiene in den Backofen schieben. Vorsichtig 200 g Wasser mit ofenfesten Handschuhen in die ofenfeste Form eingießen. Backofentür zügig schließen. Brötchen 25-30 Minuten oder bis zur gewünschten Bräune backen.

Die Brötchen auf einem Kuchengitter auskühlen lassen.

AKTIVE ZEIT *15 MIN.*
GESAMTZEIT *2 STD. 20 MIN.*

KARTOFFELBRÖTCHEN

SAFTIG UND KNUSPRIG

FÜR 9 KARTOFFELBRÖTCHEN

ZUTATEN

180 g festkochende Kartoffeln, geschält

½ Päckchen Trockenhefe à 7 g (10 g Frischhefe)

300 g Wasser

510 g Weizenmehl, Type 550

2 TL Salz

AUSSERDEM

etwas Weizenmehl zum Bestäuben

SO GEHT'S

1. Kartoffel halbieren, in den Mixtopf geben und **5 Sek./Stufe 5** zerkleinern und umfüllen.
2. Hefe mit dem Wasser in den Mixtopf geben und **3 Min./37 °C/ Stufe 2,5** erwärmen.
3. Kartoffeln und Weizenmehl hinzufügen und **2 Min./Teigstufe** kneten. Salz hinzugeben und **1 Min./Teigstufe** kneten. Den Teig in eine Schüssel geben. Diesen abgedeckt 1 Stunde an einem warmen Ort und anschließend über Nacht im Kühlschrank (10–12 Stunden) gehen lassen.
4. Teig auf einer gut bemehlten Arbeitsfläche in 9 gleich große Stücke teilen. Jedes Stück auf der Arbeitsflache zu einem Ball formen.
5. Brötchen kreuzweise 1 cm tief einschneiden und auf ein mit Backpapier ausgelegtes Backblech legen. Brötchen 1 Stunde an einem warmen Ort gehen lassen.
6. In der Zwischenzeit den Backofen auf 230 °C Ober-/Unterhitze vorheizen. Eine ofenfeste Form auf der untersten Schiene platzieren.
7. Backblech mit Brötchen auf mittlerer Schiene in den Backofen schieben. Vorsichtig 200 g Wasser mit ofenfesten Handschuhen in die ofenfeste Form eingießen. Backofentür zügig schließen. Brötchen 30 Minuten oder bis zur gewünschten Bräune backen.

Vor dem Anschneiden abkühlen lassen.

AKTIVE ZEIT *15 MIN.*
GESAMTZEIT *14 STD.*

OMAS WEISSBROTE

GANZ KLASSISCH

FÜR 8 KLEINE WEISSBROTE

ZUTATEN

550 g Wasser
1 TL Zucker
1 TL Backmalz*
½ Päckchen Trockenhefe à 7 g (10 g Frischhefe)
1 EL Sonnenblumenöl
3 TL Salz
400 g Weizenmehl, Type 550
400 g Weizenmehl, Type 1050
1 Eiweiß
1 EL Wasser

AUSSERDEM

etwas Weizenmehl zum Bestäuben
Sonnenblumenöl für die Schüssel

*wenn kein Backmalz vorhanden ist, kann dieses 1:1 durch Zuckerrübensirup ersetzt werden

SO GEHT'S

1. Wasser, Zucker, Backmalz und Hefe in den Mixtopf geben und **3 Min./37 °C/Stufe 2,5** auflösen.
2. Öl, Salz und beide Weizenmehltypen hinzugeben und **3,5 Min./Teigstufe** kneten. Teig in eine leicht eingeölte Schüssel geben und an einem warmen Ort abgedeckt 2 Stunden gehen lassen.
3. Teig auf eine bemehlte Arbeitsfläche stürzen und in 8 gleich große Teile teilen. Jedes Teigstück zu einer Kugel formen und auf ein mit Backpapier ausgelegtes Blech legen. Brote kreuzförmig 1 cm tief einschneiden und 30 Minuten abgedeckt gehen lassen.
4. Backofen auf 230 °C Ober-/Unterhitze (210 °C Umluft) vorheizen und eine ofenfeste Form auf die unterste Schiene des Backofens stellen.
5. Eiweiß und Wasser vermengen, Teiglinge damit bestreichen und mit etwas Wasser besprühen. Backblech mit Brötchen auf mittlerer Schiene in den Backofen schieben. Vorsichtig 200 g Wasser mit ofenfesten Handschuhen in die ofenfeste Form auf unterster Schiene gießen, Backofentür zügig schließen. 30 Minuten oder bis zur gewünschten Bräune backen.

Brötchen auf einem Kuchengitter vollständig auskühlen lassen.

TIPP

Dieser Teig kann nach Belieben zu einem einzigen Brotlaib oder zu Baguettes verarbeitet werden. Dabei muss die Backzeit jedoch dementsprechend angepasst werden.

AKTIVE ZEIT *25 MIN.*
GESAMTZEIT *3 STD. 35 MIN.*

BUTTERTEIG-KRINGEL

MIT SCHWARZEM SESAM UND SONNENBLUMENKERNEN

FÜR 10 BUTTERKRINGEL

ZUTATEN

TEIG

100 g Sonnenblumenöl
100 g Vollmilch
100 g Wasser
50 g Zucker
1 Päckchen Trockenhefe à 7 g (20 g Frischhefe)
560 g Weizenmehl, Type 405
1 Eiweiß
2 TL Salz
60 g Butter, weich

BELAG

1 Eigelb
1 EL Vollmilch

AUSSERDEM

1–2 Handvoll Sesamsamen, Sonnenblumenkerne, Mohn und schwarzer Sesam zum Bestreuen

SO GEHT'S

1. TEIG: Sonnenblumenöl, Vollmilch, Wasser, Zucker und Hefe in den Mixtopf geben und **3 Min./37 °C/Stufe 2,5** auflösen. Gemisch anschließend 15 Minuten ruhen lassen, bis sich unter dem Öl deutlich Blasen bilden.
2. Weizenmehl, Eiweiß und Salz hinzugeben und **5 Min./Teigstufe** kneten. Teig in eine Schüssel geben und 2 Stunden abgedeckt gehen lassen.
3. Teig auf einer Arbeitsfläche in 10 gleich große Teile teilen. Jedes Stück zu einem 10 × 15 cm großen Rechteck ausrollen, mit der weichen Butter bestreichen und zusammenrollen. Anschließend die Rolle mit beiden Händen in der Längsachse verdrehen, zu einem Kringel formen und die Enden fest zusammendrücken. Die Kringel mit ausreichend Abstand auf ein mit Backpapier ausgelegtes Backblech verteilen, mit einem Küchentuch abdecken und 20 Minuten ruhen lassen.
4. In der Zwischenzeit den Backofen auf 170 °C Ober-/Unterhitze vorheizen (150 °C Umluft).
5. BELAG: Eigelb und Vollmilch in einer kleinen Schale vermischen und Teiglinge damit bestreichen. Anschließend mit Sesamsamen, Sonnenblumenkernen, Mohn und schwarzem Sesam bestreuen. 20–30 Minuten oder bis zur gewünschten Bräune auf mittlerer Schiene backen.

Butterkringel auf einem Küchengitter auskühlen lassen oder lauwarm servieren.

AKTIVE ZEIT 15 MIN.
GESAMTZEIT 3 STD. 30 MIN.

KNOTENBRÖTCHEN

MIT MANDELN

FÜR 6 KNOTENBRÖTCHEN

ZUTATEN

150 g Vollmilch
1 EL Zucker
½ Päckchen Trockenhefe à 7 g (10 g Frischhefe)
250 g Weizenmehl, Type 405
1 EL Vanillezucker
1 TL Salz
35 g Butter

AUSSERDEM

2 Eigelb
1 EL Zucker
4 EL Mandelsplitter
etwas Weizenmehl zum Bestäuben

SO GEHT'S

1. Vollmilch, Zucker und Hefe in den Mixtopf geben und **3 Min./37 °C/ Stufe 2,5** auflösen. Gemisch 15 Minuten stehen lassen, bis sich deutlich Bläschen bilden.
2. Weizenmehl, Vanillezucker und Salz hinzugeben. **2 Min./Teigstufe** kneten.
3. Butter hinzugeben und weitere **5 Min./Teigstufe** kneten. Den Teig abgedeckt 1½ Stunden an einem warmen Ort gehen lassen.
4. Teig auf eine leicht bemehlte Arbeitsfläche stürzen und in 6 gleich große Stücke teilen. Jeden Teigling zu einer 25 cm langen Rolle formen, zu einem Knoten verbinden und die Enden unter den Teigling schlagen.
5. Backblech mit Backpapier auslegen und die Teiglinge in mindestens 5 cm Abstand darauf positionieren. Das Backblech mit einem Tuch abdecken und weitere 30 Minuten ruhen lassen.
6. Backofen auf 190 °C Ober-/Unterhitze vorheizen (170 °C Umluft).
7. Eigelb mit Zucker vermischen und vorsichtig die bereits aufgegangenen Brötchen damit bestreichen. Anschließend mit Mandelsplittern bestreuen. Brötchen auf mittlerer Schiene im vorgeheizten Backofen 25–30 Minuten goldgelb backen.

Brötchen vor dem Verzehr leicht abkühlen lassen.

AKTIVE ZEIT *15 MIN.*
GESAMTZEIT *3 STD. 10 MIN.*

WALNUSSKERN-SAUERTEIGBROT

FÜR 1 BROT

ZUTATEN

300 g Dinkelkörner

200 g Weizenkörner

460 g Wasser

150 g Roggensauerteig-Ansatz, aktiv (siehe S. 95)

70 g Walnusskerne, geröstet

30 g Leinsamen

3 TL Salz

AUSSERDEM

2 Handvoll Leinsamen zum Bestreuen

Fett für die Form

SO GEHT'S

1. Dinkelkörner in den Mixtopf geben und **1 Min./Stufe 10** pulverisieren; umfüllen.
2. Weizenkörner in den Mixtopf geben und **1 Min./Stufe 10** pulverisieren.
3. Eine Kuchen- oder Brotform (30 × 10 × 8 cm) mit Backpapier auslegen oder sehr gut einfetten. Den Boden der Form mit Leinsamen bestreuen.
4. Zerkleinerte Dinkelkörner mit den restlichen Zutaten in den Mixtopf geben und **1 Min./Linkslauf/Stufe 4** vermengen. Den Teig in die Form geben, glatt streichen und mit Leinsamen bedecken. Den Teig mit Klarsichtfolie abdecken und dann an einem warmen Ort über Nacht (etwa 10–12 Stunden) ruhen lassen.
5. Am nächsten Morgen den Backofen auf 230 °C Ober-/Unterhitze (210 °C Umluft) vorheizen und auf unterster Schiene eine ofenfeste Form platzieren.
6. Klarsichtfolie vom Brot entnehmen und auf mittlere Schiene in den Backofen geben. 200 g Wasser vorsichtig mit ofenfesten Handschuhen in die vorbereitete Form gießen und Ofentür zügig schließen. Die Ofentemperatur auf 200 °C Ober-/Unterhitze (180 °C Umluft) runterdrehen und Brot für 1 Stunde backen. Mit ofenfesten Handschuhen vorsichtig das Brot aus der Form nehmen und weitere 15 Minuten auf einem Backblech fertig backen

Vor dem Anschneiden Brot vollständig auf einem Gitterrost abkühlen lassen.

AKTIVE ZEIT *10 MIN.*
GESAMTZEIT *13 STD. 30 MIN*

ZWIRBELBROT

MIT THYMIAN UND FETA

FÜR 1 BROT

ZUTATEN

TEIG

250 g Wasser

1 TL Zucker

1 Päckchen Trockenhefe à 7 g (20 g Frischhefe)

2 TL Backmalz*

500 g Weizenmehl, Type 550

15 g Olivenöl

2 TL Salz

FÜLLUNG

1 TL Olivenöl

150 g Feta

7 Zweige Thymian, Blätter

AUSSERDEM

1 Eigelb

1 EL Vollmilch

Thymianblätter

etwas Weizenmehl zum Bestäuben

*wenn kein Backmalz vorhanden ist, kann dieses 1:1 durch Zuckerrübensirup ersetzt werden

SO GEHT'S

1. TEIG: Wasser, Zucker, Hefe und Backmalz in den Mixtopf geben und **3 Min./37 °C/Stufe 2,5** erhitzen.
2. Weizenmehl, Olivenöl und Salz in den Mixtopf geben und **5 Min./ Teigstufe** kneten. Umfüllen und abgedeckt 2 Stunden gehen lassen, oder bis sich das Volumen verdoppelt hat.
3. Teig auf eine mit Weizenmehl bestäubte Arbeitsfläche geben und zu einem 25 × 50 cm Rechteck ausrollen.
4. FÜLLUNG: Ausgerollten Teig mit Olivenöl bestreichen, hierbei 2 cm des Randes aussparen. Feta und Thymian gleichmäßig auf dem Teig verteilen. Den Rand mit etwas Wasser bestreichen und die Rolle mit der längeren Seite aufrollen. Enden zuammenpressen, Rolle mit einem feuchten Tuch abdecken und 10 Minuten stehen lassen.
5. Rolle in der Längsachse verzwirbeln und auf ein mit Backpapier ausgelegtes Blech legen. Rolle abdecken und an einem warmen Ort 30 Minuten gehen lassen.
6. In der Zwischenzeit den Backofen auf 230 °C Ober-/Unterhitze (210 °C Umluft) vorheizen. Eine ofenfeste Form auf die unterste Schiene des Backofens stellen.
7. Eigelb mit der Vollmilch vermischen und die Rolle damit bestreichen. Anschließend mit Thymianblättern bestreuen.
8. Backblech mit Brot auf mittlerer Schiene in den Backofen schieben. 200 g Wasser vorsichtig mit ofenfesten Handschuhen in die vorbereitete Form gießen und Ofentür zügig schließen. Nach 10 Minuten Backzeit die Hitze auf 180 °C reduzieren und weitere 20 Minuten oder bis zur gewünschten Bräune backen.

AKTIVE ZEIT *15 MIN.*
GESAMTZEIT *3 STD. 50 MIN.*

MÖHRENBROT

MIT BUCHWEIZEN

FÜR 1 BROT

ZUTATEN

50 g Buchweizen, geröstet
50 g Leinsamen
330 g Wasser
1 Päckchen Trockenhefe à 7 g (20 g Frischhefe)
1 TL Zucker
200 g Möhren, geschält und halbiert
200 g Weizenmehl, Type 550
300 g Weizenvollkornmehl
10 g Sonnenblumenöl
30 g dunkler Balsamicoessig
3 TL Salz
50 g Sonnenblumenkerne

AUSSERDEM

Haferflocken zum Bestreuen
Sonnenblumenöl für die Form

SO GEHT'S

1. Buchweizen und Leinsamen in den Mixtopf geben und **1,5 Min./Stufe 10** pulverisieren; in eine Schüssel umfüllen.
2. Wasser, Hefe und Zucker in den Mixtopf geben und **3 Min./37 °C/Stufe 2,5** erwärmen. Gemisch 20 Minuten stehen lassen, sodass sich an der Oberfläche deutlich Blasen bilden können.
3. Möhren dazugeben und **5 Sek./Stufe 5** zerkleinern.
4. Zerkleinerten Buchweizen, Leinsamen und restliche Zutaten hinzugeben und **2 Min./Linkslauf/Stufe 4** zu einem homogenen Teig vermischen.
5. Eine Brot- bzw. Kuchenform (30 × 10 × 8 cm) entweder mit Backpapier auslegen oder sehr gut einfetten und Boden mit Haferflocken bestreuen. Den Teig in die Form geben, glatt streichen und ebenfalls mit Haferflocken bestreuen. Den Teig 1 Stunde abgedeckt an einem warmen Ort gehen lassen.
6. In der Zwischenzeit den Backofen auf 200 °C Ober-/Unterhitze (180 °C Umluft) vorheizen und auf unterster Schiene eine ofenfeste Schale platzieren.
7. Brot auf mittlerer Schiene in den Backofen schieben. 200 g Wasser vorsichtig mit ofenfesten Handschuhen in die vorbereitete Form gießen und Ofentür zügig schließen. Backofen auf 180 °C Ober-/Unterhitze (160 °C Umluft) runterregeln und Brot 1 Stunde backen. Mit ofenfesten Handschuhen vorsichtig das Brot aus der Form nehmen und weitere 15 Minuten ohne Form auf einem Backblech fertig backen.

Vor dem Anschneiden auf einem Gitterrost vollständig abkühlen lassen.

AKTIVE ZEIT *10 MIN.*
GESAMTZEIT *2 STD. 30 MIN.*

RUSTIKALES HARTWEIZENBROT

FÜR 1 BROT

ZUTATEN

130 g Dinkelkörner

380 g Hartweizengrieß

½ Päckchen Trockenhefe à 7 g (10 g Frischhefe)

570 g Wasser

270 g Weizenmehl, Type 405

3 TL Backmalz*

3 TL Salz

AUSSERDEM

etwas Weizenmehl zum Bestäuben

*wenn kein Backmalz vorhanden ist, kann dieses 1:1 durch Zuckerrübensirup ersetzt werden

SO GEHT'S

1. Dinkelkörner in den Mixtopf geben und **1 Min./Stufe 10** pulverisieren; umfüllen.
2. Hartweizengrieß in den Mixtopf geben und **20 Sek./Stufe 10** pulverisieren.
3. Hefe und Wasser hinzugeben und **3 Min./37 °C /Stufe 2,5** erwärmen.
4. Zerkleinerte Dinkelkörner und restliche Zutaten in den Mixtopf geben und **3 Min./Teigstufe** kneten. Teig in eine Schüssel umfüllen. Mit Klarsichtfolie abgedeckt erst 1 Stunde an einem warmen Ort und dann über Nacht im Kühlschrank ruhen lassen (etwa 10–12 Stunden)**.
5. Am nächsten Morgen den Teig auf einer leicht bemehlten Arbeitsfläche zu einer Kugel formen. In eine Schüssel geben und abgedeckt an einem warmen Ort 1 Stunde gehen lassen.
6. In der Zwischenzeit den Backofen auf 200 °C Ober-/Unterhitze (180 °C Umluft) vorheizen. Eine ofenfeste Form auf der untersten Schiene des Backofens platzieren und ein Backblech mit Backpapier auslegen.
7. Teig auf das vorbereitete Backblech legen und 3-mal 1 cm tief einschneiden.
8. Backblech auf mittlere Schiene in den Backofen schieben. 200 g Wasser vorsichtig mit ofenfesten Handschuhen in die vorbereitete Form gießen und Ofentür zügig schließen. Brotlaib 70 Minuten oder bis zur gewünschten Bräune backen.

Brot vor dem Einschneiden auf einem Kuchengitter auskühlen lassen.

**Allerdings kann die Gehzeit auf 2 Stunden mit der Zugabe von weiteren 7 g Trockenhefe verkürzt werden (Rezept mit Schritt 5 fortsetzen).

AKTIVE ZEIT 15 MIN.
GESAMTZEIT 14 STD. 20 MIN.

ROGGENMISCHBROT

MIT ROGGENSAUERTEIG-ANSATZ

FÜR 1 BROT

ZUTATEN

VORTEIG

200 g Roggenkörner
365 g Wasser
1 TL Zucker
1 Prise Trockenhefe
2 TL Backmalz*
400 g Weizenmehl, Type 1050
100 g Roggensauerteig-Ansatz, aktiv (siehe S. 95)

HAUPTTEIG

2 TL Salz
100 g Weizenmehl, Type 550
70 g Wasser
10 g Sonnenblumenöl

AUSSERDEM

etwas Weizenmehl zum Bestäuben

ofenfester Topf mit Deckel, 6 Liter Fassungsvermögen

*wenn kein Backmalz vorhanden ist, kann dieses 1:1 durch Zuckerrübensirup ersetzt werden

SO GEHT'S

1. VORTEIG: Roggenkörner in den Mixtopf geben, **2 Min./Stufe 10** pulverisieren und in eine Schüssel umfüllen.
2. Wasser, Zucker, Hefe und Backmalz in den Mixtopf geben und **3 Min./37 °C/Stufe 2,5** erwärmen.
3. Zerkleinerte Roggenkörner und restliche Zutaten für den Vorteig hinzufügen, **4 Sek/Stufe 5** vermengen und dann anschließend **2 Min./Teigstufe** kneten. Teig in eine geölte Schüssel geben und abgedeckt 4 Stunden an einem warmen Ort gehen lassen.
4. HAUPTTEIG: Vorteig mit den restlichen Zutaten in den Mixtopf geben und **1,5 Min./Teigstufe** kneten.
5. Teig auf eine leicht bemehlte Arbeitsfläche geben, mit etwas Weizenmehl bestäuben und zu einer Kugel formen. Teig in eine mit Backpapier ausgelegte Schüssel legen (um die Form zu halten). Abdecken und 30 Minuten gehen lassen. Mit einem scharfen Messer 3-mal 1 cm tief einschneiden.
6. In der Zwischenzeit einen ofenfesten Topf mit Deckel auf die mittlere Schiene in den Backofen stellen. Backofen auf 230 °C Ober-/Unterhitze (210 °C Umluft) vorheizen.
7. Topf vorsichtig mit ofenfesten Handschuhen aus dem Backofen herausnehmen, Deckel abnehmen und das Brot mit dem Backpapier in den Topf hineinlegen. Deckel wieder aufsetzen und im Backofen auf mittlerer Schiene 40 Minuten backen. Topfdeckel mit ofenfesten Handschuhen abnehmen und weitere 15 Minuten oder bis zur gewünschten Bräune fertigbacken.

Brot vor dem Anschneiden auf einem Rost vollkommen auskühlen lassen.

***AKTIVE ZEIT** 15 MIN.*
***GESAMTZEIT** 5 STD. 50 MIN.*

VOLLKORNMISCHBROT

MIT ROGGENSAUERTEIG-ANSATZ

FÜR 1 BROT

ZUTATEN

VORTEIG

350 g Weizenkörner

150 g Roggensauerteig-Ansatz, aktiv (siehe S. 95)

500 g Wasser

1 EL Backmalz

¼ Päckchen Trockenhefe à 7 g (5 g Frischhefe)

HAUPTTEIG

3 TL Salz

430 g Weizenmehl, Type 550

20 g Sonnenblumenöl

AUSSERDEM

etwas Weizenmehl zum Bestäuben

ofenfester Topf mit Deckel, 6 Liter Fassungsvermögen

*wenn kein Backmalz vorhanden ist, kann dieses 1:1 durch Zuckerrübensirup ersetzt werden

SO GEHT'S

1. VORTEIG: 150 g Weizenkörner in den Mixtopf geben, **1 Min./Stufe 10** pulverisieren und in eine große Schüssel umfüllen. Vorgang mit den restlichen 200 g Weizenkörnern wiederholen.
2. Zerkleinerte Weizenkörner mit den restlichen Zutaten für den Vorteig in eine Schüssel geben und gut vermengen. Die Schüssel mit Klarsichtfolie abdecken und über Nacht (etwa 10–12 Stunden) bei Zimmertemperatur stehen lassen.
3. HAUPTTEIG: Am nächsten Morgen Vorteig und restliche Zutaten in den Mixtopf geben und **4 Min./Teigstufe** kneten.
4. Teig auf eine bemehlte Arbeitsfläche geben und zu einer Kugel formen. Mit etwas Wasser besprühen und mit Weizenmehl bestäuben. Anschließend Teigkugel in eine mit Backpapier ausgelegte Schüssel geben (um die Form zu halten). Teig abgedeckt 1½ Stunden gehen lassen.
5. In der Zwischenzeit einen ofenfesten Topf mit Deckel auf die mittlere Schiene in den Backofen stellen und Backofen auf 230 °C Ober-/Unterhitze (210 °C Umluft) vorheizen.
6. Topf vorsichtig mit ofenfesten Handschuhen aus dem Backofen herausnehmen, Deckel abnehmen und das Brot mit dem Backpapier in den Topf hineinlegen. Deckel wieder aufsetzen und 40 Minuten backen. Topfdeckel mit ofenfesten Handschuhen abnehmen und weitere 15 Minuten oder bis zur gewünschten Bräune fertigbacken.

Brot auf ein Rost legen und vor dem Anschneiden vollkommen auskühlen lassen.

AKTIVE ZEIT *15 MIN.*
GESAMTZEIT *14 STD. 35 MIN.*

BAGUETTES

MIT ROGGENMEHL

FÜR 3 BAGUETTES

ZUTATEN

1 TL Zucker

1 Päckchen Trockenhefe à 7 g (20 g Frischhefe)

430 g Wasser

600 g Weizenmehl, Type 550

35 g Roggenmehl, Type 1150

40 g Roggensauerteig-Ansatz* (siehe S. 95, optional)

2,5 TL Salz

AUSSERDEM

Sonnenblumenöl für die Form

Weizenmehl und Hartweizengrieß zum Bestäuben

*kann direkt aus dem Kühlschrank zum Teig hinzugegeben werden

SO GEHT'S

1. Zucker, Hefe und Wasser in den Mixtopf geben und **3 Min./37 °C/Stufe 2,5** auflösen. 15 Minuten zur Seite stellen. Es sollten sich deutlich Blasen bilden.
2. Weizenmehl, Roggenmehl, Salz und Roggensauerteig-Ansatz zum Mixtopf dazugeben und **8 Min./Teigstufe** kneten. Teig in eine gefettete Schüssel umfüllen, abgedeckt 1½ Stunden an einem warmen Ort ruhen lassen.
3. Teig auf eine mit Weizenmehl bestäubte Arbeitsfläche stürzen und 3 gleich große Teiglinge abstechen. Die äußeren Seiten jedes Teiglings nach innen schlagen und anschließend zur einer Kugel formen. Teiglinge 20 Minuten abgedeckt ruhen lassen.
4. Jede Teigkugel vorsichtig platt drücken. Obere äußere Seite zur Mitte hin einschlagen und mit der unteren äußeren Seite wiederholen, sodass ein Zylinder entsteht. Anschließend jedes Stück in eine 40 cm lange Rolle formen. Für eine schöne Kruste Baguettes leicht mit Wasser besprühen und in Hartweizengrieß wenden. Ein Backblech mit Backpapier auslegen und die Baguettes in ausreichendem Abstand darauf platzieren. Anschließend weitere 30 Minuten abgedeckt ruhen lassen.
5. In der Zwischenzeit eine ofenfeste Form auf die unterste Schiene in den Backofen stellen. Backofen auf 220 °C Ober-/Unterhitze vorheizen (200 °C Umluft).
6. Jedes Baguette mit einem scharfen Messer 3-mal 1 cm tief einschneiden. Backblech auf mittlerer Schiene in den Backofen schieben und mit ofenfesten Handschuhen vorsichtig 200 g Wasser in die Form auf der untersten Schiene geben. Ofentür sofort schließen. Baguettes 30–35 Minuten goldbraun backen.

Vor dem Anschneiden etwas abkühlen lassen.

AKTIVE ZEIT *15 MIN.*
GESAMTZEIT *3 STD. 25 MIN.*

DEFTIGES SCHOKOLADENBROT

MIT KAKAO

FÜR 1 BROT

ZUTATEN

250 g Wasser
50 g Ahornsirup
1 Prise Trockenhefe
1 EL Backmalz
100 g Roggensauerteig-Ansatz, aktiv (siehe S. 95)
400 g Weizenmehl, Type 550
50 g ungesüßtes Kakaopulver
2 TL Salz
20 g Sonnenblumenöl

AUSSERDEM

etwas Weizenmehl zum Bestäuben

ofenfester Topf mit Deckel, 6 Liter Fassungsvermögen

SO GEHT'S

1. Wasser, Ahornsirup, Hefe und Backmalz in den Mixtopf geben und **3 Min./37 °C/Stufe 2,5** erwärmen.
2. Restliche Zutaten in den Mixtopf geben und **3 Min./Teigstufe** kneten. Teig in eine Schüssel geben und mit Klarsichtfolie abgedeckt 8–10 Stunden (zum Beispiel über Nacht) ruhen lassen.
3. Teig auf eine leicht bemehlte Arbeitsplatte geben und zu einer Kugel formen. Mit etwas Weizenmehl bestäuben und anschließend in eine mit Backpapier ausgelegte Schüssel legen und abgedeckt 1 Stunde gehen lassen.
4. In der Zwischenzeit einen ofenfesten Topf mit Deckel in den Backofen auf die mittlere Schiene stellen. Backofen auf 230 °C Ober-/Unterhitze (210 °C Umluft) vorheizen.
5. Topf vorsichtig mit ofenfesten Handschuhen aus dem Backofen herausnehmen, Deckel abnehmen und das Brot mit dem Backpapier in den Topf hineinlegen. Deckel wieder aufsetzen und 35 Minuten auf mittlerer Schiene backen. Topfdeckel mit ofenfesten Handschuhen abnehmen und weitere 15 Minuten oder bis zur gewünschten Bräune fertigbacken.

Brot vor dem Anschneiden auf einem Rost ganz auskühlen lassen.

AKTIVE ZEIT *15 MIN.*
GESAMTZEIT *12 STD. 15 MIN.*

GEFÜLLTES KRÄUTERBROT

MIT MÖHREN-TOMATEN-FÜLLUNG

FÜR 1 BROT

ZUTATEN

TEIG

480 g Weizenmehl, Type 405

½ Päckchen Trockenhefe (10 g Frischhefe)

340 g Wasser

2 TL Salz

FÜLLUNG

½ rote Zwiebel, geschält

2 Knoblauchzehen, geschält

15 g Olivenöl

200 g Möhren, geschält und halbiert

150 g Tomaten, entstrunkt

40 g getrocknete Tomaten

70 g Tomatenmark

40 g Wasser

1 EL Zucker

2 ganze Nelken

1 TL Paprikapulver

1 Prise Chiliflocken

½ TL Salz

¼ TL Pfeffer

AUSSERDEM

etwas Hartweizengrieß zum Bestäuben

ofenfester Topf mit Deckel, 6 Liter Fassungsvermögen

SO GEHT'S

1. TEIG: Weizenmehl, Hefe und Wasser in den Mixtopf geben und **1 Min./Teigstufe** kneten. Salz dazugeben und **4 Min./Teigstufe** kneten. Teig in eine Schüssel umfüllen und abgedeckt an einem warmen Ort 2 Stunden gehen lassen.
2. FÜLLUNG: Zwiebel und Knoblauch in den Mixtopf geben und **5 Sek./Stufe 5** zerkleinern; mit dem Spatel hinunterschieben. Olivenöl hinzugeben und **3 Min./Varoma/Stufe 1** dünsten.
3. Möhren, frische und getrocknete Tomaten hinzugeben, **5 Sek./Stufe 5** hacken und ebenfalls mit dem Spatel von den Seiten hinunterschieben.
4. Restliche Zutaten hinzugeben und **10 Min./100 °C/Stufe 1** kochen. Füllung umfüllen und zur Seite stellen.
5. Teig auf eine mit Hartweizengrieß ausgestreute Arbeitsfläche stürzen und zu einem 20 × 35 cm großen Rechteck ausrollen. Teig mit der Füllung bestreichen, dabei einen 2 cm breiten Rand freilassen. Ränder leicht mit Wasser befeuchten und mit der langen Seite aufrollen. Enden zu einem Kringel zusammenführen und fest andrücken. Teigkringel auf ein Stück Backpapier legen und weitere 30 Minuten abgedeckt gehen lassen.
6. In der Zwischenzeit einen ofenfesten Topf mit Deckel auf mittlerer Schiene platzieren und Backofen auf 200 °C Ober-/Unterhitze vorheizen (180 °C Umluft).
7. Mit ofenfesten Handschuhen Teigkringel mit Backpapier in den Topf legen, Deckel aufsetzen und auf mittlerer Schiene 30 Minuten backen.

Mit ofenfesten Handschuhen Deckel abnehmen und 15–20 Minuten weiter backen. Vor dem Anschneiden abkühlen lassen.

***AKTIVE ZEIT** 15 MIN.*
***GESAMTZEIT** 3 STD. 45 MIN.*

SALATE

BLAUBEERSALAT

MIT ZIEGENFRISCHKÄSE

FÜR 2 PERSONEN

ZUTATEN

SALAT

100 g Walnusskerne
50 g Honig
4 Handvoll gemischter Salat (z. B.: Baby-Spinat, Kopfsalat, Endivien)
1 Schalotte, geschält
200 g Blaubeeren
100 g Ziegenfrischkäse, in groben Stücken

DRESSING

4 EL Mohn
100 g Frischkäse
Abrieb von 1 Bio-Zitrone
25 g Zitronensaft
1 EL Honig
1 EL Olivenöl
2 EL dunkler Balsamicoessig
40 g Blaubeeren
Salz
Pfeffer

SO GEHT'S

1. SALAT: Walnusskerne in einer Pfanne ohne Fett auf mittlerer Hitze 3–4 Minuten anrösten, dabei immer wieder wenden. Honig hinzugeben und so lange rühren, bis der geschmolzene Honig sich mit den Walnusskernen vermischt hat. Walnusskerne sofort auf ein Stück Backpapier legen und abkühlen lassen.
2. Salat in eine große Schüssel geben.
3. Schalotten in dünne Ringe schneiden und mit den Blaubeeren und dem Ziegenfrischkäse über dem Salat verteilen.
4. DRESSING: Mohn in den Mixtopf geben und **3 Min./80 °C/Linkslauf/Stufe 1** anrösten. Anschließend **10 Sek./Stufe 10** pulverisieren.
5. Restliche Zutaten in den Mixtopf geben und **3 Sek./Stufe 10** mixen. Mit Salz und Pfeffer abschmecken.
6. Karamellisierte Walnusskerne zu dem Salat geben. Das Dressing darüber gießen und gut vermengen.

Salat sofort servieren.

AKTIVE ZEIT *15 MIN.*
GESAMTZEIT *25 MIN.*

GRÜNER SALAT

MIT AVOCADO-DRESSING

FÜR 2 PERSONEN

ZUTATEN

DRESSING

90 g Avocado, geschält und entkernt

50 g Sonnenblumenöl

1 EL Zitronensaft

1 TL Ahornsirup

1 Prise Kümmel

1 Prise Chiliflocken

¼ TL Salz

rosa Pfeffer

SALAT

70 g gemischter Salat (z. B. Baby-Spinat, Rucola, Feldsalat)

1 Handvoll Brunnenkresse

130 g grüne Weintrauben, kernlos

1 Frühlingszwiebel, fein geschnitten

1 Handvoll Pistazien

SO GEHT'S

1. DRESSING: Zutaten für das Dressing und 60 g Wasser in den Mixtopf geben und **20 Sek./Stufe 10** pürieren. Mit Salz und Pfeffer abschmecken.
2. SALAT: Alle Zutaten in eine Schüssel geben, mit dem Dressing vermengen und servieren.

WUSSTEN SIE SCHON

Avocado ist eine sehr mineralstoffreiche Frucht mit einer Menge an Vitaminen und enthält viele Ballaststoffe und gesunde, ungesättigte Fettsäuren.

AKTIVE ZEIT *15 MIN.*
GESAMTZEIT *25 MIN.*

FRÜHLINGSSALAT

MIT VEGANER KNOBLAUCH-MAYONNAISE

FÜR 4 PERSONEN

ZUTATEN

MAYONNAISE

100 g Sonnenblumenöl
80 g ungesüßte Sojamilch
2 TL Zitronensaft
1 TL Dijon-Senf
1 Knoblauchzehe, geschält
Salz
Pfeffer

SALAT

70 g Fenchelknolle
280 g Weißkohl, grob geschnitten
280 g Möhren, bunt und halbiert
1 Apfel, entkernt und halbiert
2 Handvoll Kürbiskerne, geröstet
1 Handvoll getrocknete Cranberrys
1 Handvoll Basilikumblätter

SO GEHT'S

1. MAYONNAISE: Sonnenblumenöl in einem separaten Behälter abwiegen und zur Seite stellen.
2. Sojamilch, Zitronensaft und Dijon-Senf in den Mixtopf geben, Schmetterling einsetzen und **1 Min./37 °C/Stufe 2** erwärmen.
3. Auf **Stufe 4** stellen und ohne den Messbecher abzunehmen, das Sonnenblumenöl in einem dünnen Strahl am Messbecher vorbei auf den Mixtopfdeckel in den Mixtopf einlaufen lassen (etwa 3 Minuten oder bis zur gewünschten Konsistenz).
4. Schmetterling herausnehmen. Knoblauch dazugeben und **7 Sek./Stufe 10** zerkleinern. Mit Pfeffer und Salz würzen, umfüllen und bis zur Verwendung kalt stellen.
5. SALAT: Fenchel und Weißkohl in den Mixtopf geben, unter Zuhilfnahme des Spatels **5 Sek./Stufe 5** zerkleinern und in eine Schüssel umfüllen.
6. Möhren und Apfel in den Mixtopf geben und **3 Sek./Stufe 5** hacken; zur Salatschüssel dazugeben.
7. Kürbiskerne, Cranberrys und Basilikum zu der Salatschüssel dazugeben, Mayonnaise darüber gießen und gut vermischen.

Sofort servieren.

AKTIVE ZEIT *10 MIN.*
GESAMTZEIT *15 MIN.*

GRIECHISCHER SALAT

MIT GERSTE

FÜR 3–4 PERSONEN

ZUTATEN

GERSTE

40 g Gemüsegrundstock (siehe S. 39)

150 g Gerstenkörner, schnellkochend

SALAT

150 g Feta

100 g Kalamata-Oliven, entkernt

4 Minzblätter

1 grüne Paprika, entkernt und in groben Stücken

1 Schalotte, geschält

5 getrocknete Aprikosen, entkernt und in Streifen geschnitten

150 g Kirschtomaten, entstrunkt und halbiert

2 Handvoll Cashewkerne, geröstet

DRESSING

4 EL Rotweinessig

3 EL Olivenöl

1 TL getrockneter Oregano

Salz

Pfeffer

SO GEHT'S

1. GERSTE: 500 g Wasser, Gemüsegrundstock und Gerste in den Mixtopf geben. Anschließend **13 Min./100 °C/Linkslauf/Stufe 1,5** kochen. Hierbei jedoch die Packungsanleitung berücksichtigen. Kochzeit gegebenenfalls anpassen. Gareinsatz in den Mixtopf einsetzen, mithilfe des Spatels fixieren und Wasser im Mixtopf vorsichtig abgießen. Gerste in eine Salatschüssel füllen und abkühlen lassen.
2. SALAT: Feta, Oliven, Minzblätter, Paprika, Schalotten und Aprikosen in den Mixtopf geben und **5 Sek./Stufe 5** zerkleinern. Zu der Salatschüssel hinzufügen.
3. Kirschtomaten und Cashewkerne zu der Salatschüssel geben.
4. DRESSING: Alle Zutaten für das Dressing in den Mixtopf geben und **10 Sek./Stufe 6** vermengen. Mit Salz und Pfeffer abschmecken und zu dem Salat hinzugeben, alles gut vermengen.

Den fertigen Salat vor dem Servieren 15 Minuten ziehen lassen.

AKTIVE ZEIT *15 MIN.*
GESAMTZEIT *55 MIN.*

DINKELSALAT

MIT ORANGEN-BALSAMICO-SOSSE

FÜR 4 PERSONEN

ZUTATEN

ORANGEN-BALSAMICO-SOSSE

100 g dunkler Balsamicoessig

30 g Honig

50 g Orangensaft

DINKELSALAT

200 g Dinkelkörner, schnellkochend

40 g Gemüsegrundstock (siehe S. 39)

300 g Erdbeeren, entstrunkt und in Scheiben geschnitten

200 g Mozzarella, gewürfelt

150 g Artischockenherzen in Öl eingelegt, abgetropft und gewürfelt

¼ rote Zwiebel, geschält und in Scheiben geschnitten

1 Handvoll Minzblätter, gehackt

100 g Mandelsplitter, geröstet

1 Handvoll Kürbiskerne, geröstet

AUSSERDEM

5 EL Olivenöl

Salz

Pfeffer

SO GEHT'S

1. ORANGEN-BALSAMICO-SOSSE: Alle Zutaten in den Mixtopf geben, **10 Min./Varoma/Stufe 2** ohne Messbecher einkochen lassen und umfüllen.
2. DINKELSALAT: 500 g Wasser, Dinkelkörner und Gemüsegrundstock in den gereinigten Mixtopf einfüllen. **13 Min./100 °C/Linkslauf/Stufe 1** garen, hierbei jedoch die Packungsanleitung berücksichtigen. Kochzeit gegebenenfalls anpassen. Den Gareinsatz in den Mixtopf einsetzen, mithilfe des Spatels fixieren und Wasser vorsichtig abgießen. Dinkel in eine Salatschüssel füllen und abkühlen lassen.
3. Erdbeeren, Mozzarella, Artischockenherzen, Zwiebel und Minze zu dem abgekühlten Dinkel geben.
4. Mandelsplitter und Kürbiskerne zu dem Salat hinzugeben. Orangen-Balsamico-Soße und Öl darüber gießen. Mit Salz und Pfeffer abschmecken und alles gut vermischen.

Den Salat vor dem Servieren 10 Minuten ziehen lassen.

***AKTIVE ZEIT** 15 MIN.*
***GESAMTZEIT** 1 STD.*

SÜSSER SALAT

MIT SCHWARZEM REIS

FÜR 2–3 PERSONEN

ZUTATEN

SALAT

100 g schwarzer Reis
1 Apfel, geschält und entkernt
1 Orange, geschält
100 g Schattenmorellen
2 Pfirsiche, entkernt
50 g Schokoraspel
80 g Mandelsplitter, geröstet

DRESSING

4 EL Honig
Abrieb von ½ Bio-Zitrone
1 EL Zitronensaft
3 Minzblätter
5 EL Joghurt

AUSSERDEM

Kakaopulver zum Garnieren

SO GEHT'S

1. SALAT: 1500 g Wasser in den Mixtopf gießen, Gareinsatz einsetzen. Reis hineingeben und glattstreichen. Anschließend **40 Min./100 °C/Stufe 1,5** garen, hierbei jedoch die Packungsanleitung berücksichtigen und Kochzeit gegebenenfalls anpassen.
2. In der Zwischenzeit das Obst in mundgerechte Stücke schneiden und zusammen mit den Schokoraspel und den Mandelsplittern in eine Schüssel geben. Abdecken und beiseite stellen.
3. Unter Zuhilfenahme des Spatels den Gareinsatz vorsichtig entfernen, Reis abtropfen lassen und zum Abkühlen auf einen Teller stellen. Verbleibendes Wasser im Mixtopf abgießen.
4. DRESSING: Alle Zutaten für das Dressing in den Mixtopf geben, **20 Sek./Stufe 10** mixen und über das Obst in der Schüssel gießen.
5. Lauwarmen Reis über die Obstmischung geben, vermengen und mit etwas Kakaopulver servieren.

AKTIVE ZEIT *15 MIN.*
GESAMTZEIT *1 STD.*

KICHERERBSENSALAT

MIT KARAMELLISIERTEN PFLAUMEN IN ROTWEIN

FÜR 4 PERSONEN

ZUTATEN

SALAT

560 g eingelegte Kichererbsen, abgegossen und gewaschen

½ rote Zwiebel, geschält

DRESSING

15 g Korianderblätter

90 g Olivenöl

20 g Sesamöl

½ TL Kreuzkümmel

Salz

Pfeffer

KARAMELLISIERTE PFLAUMEN

500 g Pflaumen, entkernt

70 g Zucker

100 g Rotwein

AUSSERDEM

2 Handvoll Babyspinat

SO GEHT'S

1. SALAT: 500 g Wasser in den Mixtopf geben. Gareinsatz mit den Kichererbsen gefüllt in den Mixtopf einsetzen und **10 Min./100 °C/Stufe 2** kochen. Abgegossene Kichererbsen umfüllen und zum Abkühlen zur Seite stellen.
2. Zwiebel in Ringe schneiden und zur Seite stellen.
3. DRESSING: Korianderblätter, Olivenöl, Sesamöl sowie Kreuzkümmel in den Mixtopf geben und **15 Sek./Stufe 10** mixen. Anschließend mit Salz und Pfeffer abschmecken.
4. KARAMELLISIERTE PFLAUMEN: Pflaumen vierteln und beiseite stellen.
5. Zucker in eine Pfanne geben und auf mittlerer Hitze schmelzen lassen. Wein und Pflaumen dazugeben und für einige Minuten auf mittlerer bis hoher Hitze unter ständigem Rühren einreduzieren.
6. Kichererbsen, Zwiebeln, Spinat und Dressing in einer großen Schüssel vermengen und mit den warmen Pflaumen servieren.

***AKTIVE ZEIT** 15 MIN.*
***GESAMTZEIT** 25 MIN.*

QUINOA-SALAT

MIT GERÖSTETEM GEMÜSE

FÜR 4 PERSONEN

ZUTATEN

GERÖSTETES GEMÜSE

1 grüne Paprika, entkernt
1 rote Paprika, entkernt
1 Zucchini, mittelgroß
4 Knoblauchzehen, geschält
Salz
Pfeffer
6 EL Olivenöl
100 g Artischockenherzen, in Wasser eingelegt und abgegossen

QUINOA

200 g Quinoa
20 g Gemüsegrundstock (siehe S. 39)

DRESSING

2 EL Zitronensaft
2 EL Olivenöl
2 EL Weißweinessig
1 EL Honig
1 TL Senfpulver
100 g Schmand
1 Prise Cayennepfeffer
Salz
Pfeffer

SO GEHT'S

1. Den Backofen auf 200 °C Ober-/Unterhitze (180 °C Umluft) vorheizen.
2. GERÖSTETES GEMÜSE: Gemüse in mundgerechte Stücke schneiden. Gemüse mit dem Knoblauch auf ein Backblech legen, mit Salz und Pfeffer würzen und mit Öl vermengen. Auf mittlerer Schiene 30 Minuten backen. Anschließend leicht abkühlen lassen.
3. In der Zwischenzeit Artischockenherzen in mundgerechte Stücke schneiden und beseitestellen.
4. QUINOA: Quinoa in den Gareinsatz geben, gründlich unter fließendem Wasser waschen und in den Mixtopf umfüllen. 350 g Wasser in den Mixtopf einfüllen, Gemüsegrundstock hinzugeben und **15 Min./Varoma/Linkslauf/Stufe 1** kochen. Quinoa weitere 15 Minuten abgedeckt im Mixtopf ziehen lassen. Quinoa abtropfen lassen und in eine Salatschüssel geben.
5. DRESSING: Alle Zutaten in den Mixtopf geben und **5 Sek./Stufe 4** vermengen. Mit Salz und Pfeffer abschmecken und in eine kleine Schüssel füllen.
6. Warmes Gemüse und Artischockenherzen zum Quinoa in die Schüssel geben und gut vermengen.
7. Salat mit Dressing servieren.

TIPP

Zum Salat passt wunderbar Dukkah (siehe S. 25).

AKTIVE ZEIT *25 MIN.*
GESAMTZEIT *1 STD. 35 MIN.*

REISNUDELSALAT

MIT KORIANDER

FÜR 4 PERSONEN

ZUTATEN

SALAT

- 150 g Reisnudeln
- 1 EL Sonnenblumenöl
- 2 Knoblauchzehen, geschält
- 3 Möhren, mittelgroß und halbiert
- ⅓ Salatgurke, in groben Stücken
- 2 Frühlingszwiebeln, geviertelt
- ½ rote Paprika, entstrunkt und grob geschnitten
- ½ grüne Paprika, entstrunkt und grob geschnitten
- ½ Handvoll Korianderblätter
- 3 Blatt Minze
- 400 g Babyspinat

DRESSING

- 1 EL Limettensaft
- 2 EL Sesamöl
- 2 EL Olivenöl
- 4 EL Sojasoße
- 3 TL brauner Zucker
- Salz
- Pfeffer

AUSSERDEM

- 40 g Erdnüsse, geröstet

SO GEHT'S

1. SALAT: Reisnudeln in einer Schüssel mit kochendem Wasser übergießen und 10 Minuten ziehen lassen. Wenn die Nudeln gar sind, mit kaltem Wasser abschrecken und abgießen. Nudeln in eine Salatschüssel geben und mit Sonnenblumenöl vermengen.
2. Knoblauch in den Mixtopf geben, **3 Sek./Stufe 10** zerkleinern und mit dem Spatel hinunterschieben.
3. Möhren, Salatgurke, Frühlingszwiebeln, Paprika, Korianderblätter und Minzblätter in den Mixtopf geben. **5 Sek./Stufe 5** zerkleinern und in die Salatschüssel zu den Nudeln geben.
4. Babyspinat zur Salatschüssel dazugeben.
5. DRESSING: Alle Zutaten für das Dressing in den Mixtopf geben, **5 Sek./Stufe 6** vermengen und mit Salz und Pfeffer abschmecken.
6. Dressing über die Nudeln und das Gemüse gießen, Erdnüsse darüberstreuen und gut vermengen.

10 Minuten ziehen lassen und servieren.

AKTIVE ZEIT *15 MIN.*
GESAMTZEIT *35 MIN.*

SUPPEN

MÖHREN-ORANGEN-SUPPE

FÜR 2–3 PERSONEN

ZUTATEN

2 Schalotten, geschält und halbiert

15 g Olivenöl

500 g Möhren, geschält und gedrittelt

150 g Orangensaft, frisch gepresst

20 g Gemüsegrundstock (siehe S. 39)

½ TL Currypulver

1 Prise Cayennepfeffer

85 g Kokosnusssahne

1 Handvoll Petersilienblätter

Salz

Pfeffer

AUSSERDEM

1 Handvoll Walnusskerne, geröstet

SO GEHT'S

1. Schalotten in den Mixtopf geben und **3 Sek./Stufe 6** zerkleinern, mit dem Spatel hinunterschieben.
2. Olivenöl zugeben und **3 Min./Varoma/Linkslauf/Stufe 1** dünsten.
3. Möhren in den Mixtopf geben und **4 Sek./Stufe 6** zerkleinern. Mithilfe des Spatels hinunterschieben.
4. 500 g Wasser, Orangensaft, Gemüsegrundstock, Currypulver und Cayennepfeffer hinzugeben, **10 Min./Varoma/Linkslauf/Stufe 1** kochen und **10 Min./90 °C/Stufe 2** köcheln lassen.
5. Kokosnusssahne und Petersilie hinzugeben und **2 Min./Stufe 10** pürieren. Mit Salz und Pfeffer abschmecken.

Die Suppe mit gerösteten Walnusskernen servieren.

AKTIVE ZEIT *10 MIN.*
GESAMTZEIT *35 MIN.*

KALTE GURKENSUPPE

MIT SCAMPI

FÜR 2–3 PERSONEN

ZUTATEN

SCAMPI

3 EL Sonnenblumenöl

1 Knoblauchzehe, geschält und in Scheiben geschnitten

300 g Scampi, geschält und gesäubert

Salz

Pfeffer

GURKENSUPPE

340 g Bio-Salatgurke, grob gestückelt

1000 g kalte Buttermilch

4 Blätter Minze

1 Msp. Cayennepfeffer

70 g Eiswürfel

½ TL Salz

¼ TL Pfeffer

SO GEHT'S

1. SCAMPI: Sonnenblumenöl in einer Pfanne erhitzen, Knoblauch hineingeben und gold-gelb anbraten (etwa 1 Minute). Knoblauch aus der Pfanne nehmen und beiseite stellen. Scampi in die Pfanne geben und 3–5 Minuten braten, bis sie gar sind. Mit Salz und Pfeffer abschmecken und beiseite stellen.
2. GURKENSUPPE: Alle Zutaten für die Gurkensuppe in den Mixtopf geben und **40 Sek./Stufe 10** pürieren.

Die Suppe mit Scampi und geröstetem Knoblauch servieren.

TIPP

Die Minze kann durch Dill ersetzt werden.

AKTIVE ZEIT *10 MIN.*
GESAMTZEIT *15 MIN.*

PASTINAKEN-PETERSILIEN-SUPPE

MIT SCAMPI UND ZITRONENÖL

FÜR 4 PERSONEN

ZUTATEN

ZITRONENÖL

40 g Olivenöl

Abrieb von ½ Bio-Zitrone

SUPPE

50 g Schalotten, geschält

1 EL Olivenöl

330 g Pastinaken, geschält und halbiert

25 g Petersilie

40 g Gemüsegrundstock (siehe S. 39)

80 g Kokosnussmilch

15 g Zitronensaft

Salz

Pfeffer

EINLAGE

2 EL Sonnenblumenöl

300 g Scampi, geschält und gesäubert

Salz

Pfeffer

AUSSERDEM

Petersilienblätter, gehackt

SO GEHT'S

1. ZITRONENÖL: Olivenöl und Zitronenabrieb in den Mixtopf geben und **3 Min./Varoma/Stufe 1** kochen; umfüllen.
2. SUPPE: Schalotten in den Mixtopf geben, **5 Sek./Stufe 5** hacken und mit dem Spatel hinunterschieben.
3. Olivenöl hinzugeben und **3 Min./Varoma/Stufe 1** dünsten.
4. Pastinaken und Petersilie in den Mixtopf hinzugeben und **10 Sek./Stufe 5** zerkleinern, mit dem Spatel hinunterschieben.
5. 780 g Wasser und Gemüsegrundstock hinzufügen und **20 Min./100 °C/Stufe 1** kochen.
6. EINLAGE: In der Zwischenzeit Sonnenblumenöl in einer Pfanne erhitzen. Scampi darin etwa 3–5 Minuten anbraten, bis sie gar sind. Mit Salz und Pfeffer abschmecken.
7. Suppe **30 Sek./Stufe 10** pürieren.
8. Kokosnussmilch und Zitronensaft hinzugeben und **15 Sek./Stufe 6** verrühren. Anschließend mit Salz und Pfeffer abschmecken.

Die Suppe mit dem Zitronenöl beträufeln, Petersilie darüber streuen und mit den Scampi servieren.

AKTIVE ZEIT *10 MIN.*
GESAMTZEIT *40 MIN.*

MAROKKANISCHE SUPPE

MIT HÜHNCHEN

FÜR 2–3 PERSONEN

ZUTATEN

COUSCOUS

100 g Couscous

50 g Gemüsegrundstock (siehe S. 39)

SUPPE

2 Knoblauchzehen, geschält

1 Zwiebel, geschält und geviertelt

3 EL Olivenöl

1 TL Paprikapulver, edelsüß

1 TL Korianderpulver, 1 TL Ingwerpulver

½ TL Kardamompulver

½ TL Kreuzkümmelpulver

¼ TL Zimtpulver, ¼ TL Kurkumapulver

¼ TL Muskatpulver

50 g trockener Weißwein

400 g Hühnerbrust

75 g Gemüsegrundstock (siehe S. 39)

300 g eingelegte Kichererbsen, abgegossen und gewaschen

200 g passierte Tomaten

200 g Artischockenherzen aus der Dose, geviertelt

100 g schwarze Oliven, entkernt und halbiert

Salz und Pfeffer

AUSSERDEM

1 Handvoll Korianderblätter

1 Handvoll Mandelsplitter, geröstet

***AKTIVE ZEIT** 25 MIN.*
***GESAMTZEIT** 1 STD.*

SO GEHT'S

1. COUSCOUS: Den Couscous und den Gemüsegrundstock in eine Schüssel geben und mit 200 g kochendem Wasser übergießen. Etwa 15 Minuten quellen lassen, bis der Couscous weich ist.
2. SUPPE: Knoblauch und Zwiebeln in den Mixtopf geben und **5 Sek./Stufe 5** zerkleinern, mit dem Spatel an den Seiten hinunterschieben.
3. Olivenöl hinzugeben und **4 Min./Varoma/Stufe 1** dünsten.
4. Gewürzpulver hinzufügen und **2 Min./Varoma/Stufe 1** dünsten.
5. Den Weißwein in den Mixtopf hinzugeben und **1 Min./Varoma/Stufe 1** kochen.
6. Hühnerbrust in mundgerechte Stücke schneiden und mit 400 g Wasser und den restlichen Zutaten in den Mixtopf geben. **14 Min./100 °C/Linkslauf/Stufe 1** kochen und anschließend mit Salz und Pfeffer abschmecken.

Die Suppe mit Couscous, Korianderblättern und Mandelsplittern als Einlage servieren.

PILZSUPPE

FÜR 4 PERSONEN

ZUTATEN

SUPPE

500 g gemischte Pilze (z. B. Champignons, Pfifferlinge, Austernpilze)

1 mittelgroße Zwiebel, geschält und geviertelt

2 Knoblauchzehen, geschält

1 EL Pilzpulver (siehe S. 21)

1 EL Sonnenblumenöl

20 g Weizenmehl

70 g trockener Weißwein

70 g Gemüsegrundstock (siehe S. 39)

Salz

Pfeffer

GARNITUR

Sonnenblumenöl für die Pfanne

3 Knoblauchzehen, geschält und in dünne Scheiben geschnitten

AUSSERDEM

4 EL Schmand

gehackte Petersilie

SO GEHT'S

1. Pilze in den Mixtopf geben und **5 Sek./Stufe 5** unter Zuhilfenahme des Spatels zerkleinern; umfüllen.
2. Zwiebel, Knoblauchzehen und das Pilzpulver in den Mixtopf geben und **4 Sek./Stufe 5** zerkleinern. Gemisch mithilfe des Spatels hinunterschieben.
3. Sonnenblumenöl dazugeben und **3 Min./Varoma/Linkslauf/Stufe 1** dünsten.
4. In einem kleinen Glas das Weizenmehl mit 2 Teelöffeln Wasser gründlich vermischen und in den Mixtopf geben. Weißwein und die zerkleinerten Pilze ebenfalls dazugeben und **5 Min./Varoma/Linkslauf/Stufe 2** dünsten.
5. Gemüsegrundstock sowie 500 g Wasser hinzufügen und weitere **15 Min./Varoma/Linkslauf/Stufe 2** kochen. Suppe mit Pfeffer und Salz abschmecken.
6. GARNITUR: In einer Pfanne etwas Sonnenblumenöl erhitzen und Knoblauchzehen goldgelb rösten.

Jeden Teller Suppe mit einem Löffel Schmand, gerösteten Knoblauchzehen und gehackter Petersilie servieren.

TIPP

Für eine cremigere Variante kann man die Suppe nach dem 5. Schritt **30 Sek./Stufe 10** pürieren.

***AKTIVE ZEIT** 10 MIN.*
***GESAMTZEIT** 30 MIN.*

GRÜNE SPARGELCREME-SUPPE

MIT MINZÖL UND GERÖSTETEN RADIESCHEN

FÜR 2 PERSONEN

ZUTATEN

MINZÖL

5 g Minzblätter
20 g Petersilienblätter
40 g Olivenöl
1 Prise Chiliflocken

SUPPE

400 g grüner Spargel
160 g Zwiebel, geschält und geviertelt
40 g Kokosnussöl
60 g trockener Weißwein
60 g Gemüsegrundstock (siehe S. 39)
1 TL Zucker
75 g Kokosnussmilch
5 g Zitronensaft
Salz
Pfeffer

EINLAGE

2 EL Sonnenblumenöl
10 Radieschen, halbiert
1 TL Zucker

SO GEHT'S

1. MINZÖL: Minz- und Petersilienblätter in den Mixtopf geben und **10 Sek./Stufe 10** zerkleinern. Die Kräuter mit dem Spatel nach unten schieben.
2. Olivenöl und Chiliflocken hinzugeben. **5 Sek./Stufe 5** vermengen und anschließend in eine Schüssel umfüllen.
3. SUPPE: Holzige Enden vom Spargel entfernen und Spargel in der unteren Hälfte schälen. Spargelspitzen vom Mittelstück trennen und beides zur Seite stellen.
4. Zwiebel in den Mixtopf geben. **5 Sek./Stufe 5** hacken und mit dem Spatel hinunterschieben.
5. Kokosnussöl hinzufügen und **3 Min./Varoma/Stufe 1** dünsten.
6. Mit Weißwein ablöschen. Spargelmittelstücke, Gemüsegrundstock, Zucker und 450 g Wasser hinzugeben und **5 Sek./Stufe 5** pürieren. Anschließend **15 Min./100 °C/Stufe 1** kochen.
7. Kokosnussmilch sowie Zitronensaft zum Mixtopf hinzufügen und **40 Sek./Stufe 10** mixen. Anschließend mit Salz und Pfeffer abschmecken.
8. EINLAGE: Sonnenblumenöl in einer Pfanne erhitzen. Radieschen hinzugeben und auf mittlerer Hitze 2 Minuten anbraten. Sobald die Radieschen anfangen sich zu bräunen, den Zucker und die Spargelspitzen hinzugeben und bei regelmäßigem Rühren weiter anbraten. Sobald der Zucker karamellisiert ist, die Pfanne sofort von der Hitze nehmen.

Die Suppe mit dem Minzöl beträufeln und mit der Einlage servieren.

AKTIVE ZEIT *20 MIN.*
GESAMTZEIT *40 MIN.*

ROTE LINSENSUPPE

MIT CURRY UND GERÖSTETEN MANDELN

FÜR 2 PERSONEN

ZUTATEN

SUPPE

150 g rote Paprika, entkernt und geviertelt
1 rote Zwiebel, geschält und halbiert
10 g Ingwer, geschält
2 TL Currypulver
1 Prise Kardamompulver
1 TL Koriandersamen
1 TL Paprikapulver, edelsüß
20 g Olivenöl
300 g Linsen, rot
30 g Gemüsegrundstock (siehe S. 39)
35 g Limettensaft
20 g Sojasoße
300 g Kokosnussmilch
½ TL Salz
¼ TL Pfeffer

GARNITUR

1 EL Sonnenblumenöl
2 Knoblauchzehen, geschält und in Scheiben geschnitten

AUSSERDEM

1 Frühlingszwiebel, in Streifen geschnitten

SO GEHT'S

1. SUPPE: Paprika in den Mixtopf geben, **3 Sek./Stufe 5** zerkleinern und umfüllen.
2. Zwiebel und Ingwer in den Mixtopf geben und **5 Sek./Stufe 5** zerkleinern, mit dem Spatel an den Seiten hinunterschieben.
3. Currypulver, Kardamopulver, Koriandersamen, Paprikapulver und Olivenöl hinzugeben. **3 Min./Varoma/Linkslauf/Stufe 1** dünsten.
4. Linsen, 860 g Wasser, Gemüsegrundstock und zerkleinerte Paprika dazugeben und ohne den Messbecher **20 Min./100 °C/Linkslauf/ Stufe 1,5** aufkochen. Um Spritzer zu vermeiden, kann der Gareinsatz auf dem Deckel positioniert werden.
5. Die Suppe mit Limettensaft, Sojasoße, Kokosnussmilch, Salz und Pfeffer verfeinern und **4 Sek./Stufe 6** vermengen.
6. GARNITUR: In einer kleinen Pfanne Sonnenblumenöl erhitzen und Knoblauch 1 Minute auf mittlerer Hitze goldgelb anbraten, aus der Pfanne nehmen und beiseitestellen.

Die Suppe mit dem gerösteten Knoblauch und gehackten Frühlingszwiebeln servieren.

***AKTIVE ZEIT** 10 MIN.*
***GESAMTZEIT** 35 MIN.*

SPINAT-ARTISCHOCKEN-SUPPE

FÜR 2 PERSONEN

ZUTATEN

SUPPE

60 g Parmesan, in Stücken
2 Knoblauchzehen, geschält
2 EL Olivenöl
½ Stange Lauch, in Ringe geschnitten
250 g Artischockenherzen, in Wasser eingelegt, abgegossen und halbiert
25 g Weizenmehl, Type 405
50 g trockener Weißwein
40 g Gemüsegrundstock (siehe S. 39)
200 g Vollmilch
50 g Sahne
120 g Babyspinat
½ TL Salz
¼ TL Pfeffer

AUSSERDEM

1 Handvoll Kürbiskerne und Mandelsplitter, geröstet

SO GEHT'S

1. SUPPE: Den gestückelten Parmesan in den Mixtopf geben und **10 Sek./Stufe 10** zerkleinern; umfüllen.
2. Knoblauch in den Mixtopf geben und **3 Sek./Stufe 10** zerkleinern, mit dem Spatel an den Seiten hinuterschieben.
3. Olivenöl und Lauch hinzugeben und **4 Min./Varoma/Linkslauf/Stufe 1** dünsten.
4. Artischockenherzen und Weizenmehl hinzufügen und **2 Min./100 °C/Linkslauf/Stufe 1** erhitzen.
5. Weißwein dazugeben und ohne Messbecher **4 Min./Varoma/Linkslauf/Stufe 1** kochen.
6. 100 g Wasser, Gemüsegrundstock, Vollmilch und Sahne hinzugeben und **3 Min./100 °C/Linkslauf/Stufe 1** aufkochen.
7. Spinatblätter, Parmesan, Salz und Pfeffer in den Mixtopf geben und **10 Min./90 °C/Linkslauf/Stufe 1,5** fertigkochen.

Die Suppe mit Kürbiskernen und Mandelsplittern servieren.

AKTIVE ZEIT *15 MIN.*
GESAMTZEIT *40 MIN.*

VEGANE BLUMENKOHL-SUPPE

MIT GERÖSTETEN BIRNEN UND WALNUSSKERNEN

FÜR 4 PERSONEN

ZUTATEN

SUPPE

1 Knoblauchzehe, geschält
1 Zwiebel, geschält und halbiert
1 EL Kokosnussöl
500 g Blumenkohl, grob zerteilt
1 Stange Sellerie, gesäubert und halbiert
160 g Kartoffel, geschält und halbiert
1 Lorbeerblatt
50 g trockener Weißwein
40 g Gemüsegrundstock (siehe S. 39)
15 g Zitronensaft
100 g Kokosnussmilch
½ TL Kreuzkümmel
Salz
Pfeffer

EINLAGE

2 TL Kokosnussöl
3 Birnen, entkernt und halbiert

AUSSERDEM

60 g Walnusskerne, geröstet
1 Handvoll Petersilienblätter
Olivenöl zum Beträufeln

SO GEHT'S

1. SUPPE: Knoblauch und Zwiebel in den Mixtopf geben und **5 Sek./Stufe 5** zerkleinern. Mit dem Spatel an den Seiten hinunterschieben.
2. Kokosnussöl dazugeben und **3 Min./Varoma/Stufe 1** dünsten.
3. Blumenkohl, Sellerie und Kartoffel in den Mixtopf geben und **8 Sek./Stufe 5** hacken. Mit dem Spatel hinunterschieben.
4. Lorbeerblatt, Weißwein, 750 g Wasser und Gemüsegrundstock hinzugeben und **20 Min./100 °C/Stufe 1,5** kochen.
5. EINLAGE: Kokosnussöl in einer Pfanne erhitzen. Birnen in mundgerechte Stücke schneiden und in der Pfanne 1–2 Minuten auf mittlerer Hitze goldgelb anbraten und zur Seite stellen.
6. Suppe **40 Sek./Stufe 10** pürieren.
7. Zitronensaft, Kokosnussmilch und Kreuzkümmel hinzugeben und **15 Sek./Stufe 6** verrühren. Anschließend mit Salz und Pfeffer abschmecken.

Die Suppe mit gerösteten Birnen, Walnusskernen und Petersilie herrichten und mit Olivenöl beträufelt servieren.

***AKTIVE ZEIT** 20 MIN.*
***GESAMTZEIT** 50 MIN.*

ZWIEBELCREMESUPPE

MIT CROUTONS UND PISTAZIEN

FÜR 3–4 PERSONEN

ZUTATEN

SUPPE

3 Frühlingszwiebeln, halbiert
1 Knoblauchknolle, geschält
700 g Zwiebeln, geschält
1 Kartoffel, geschält
2 Möhren, geschält
6 EL Olivenöl
3 EL Thymian
100 g trockener Weißwein
20 g Gemüsegrundstock (siehe S. 39)
135 g Sahne
145 g Vollmilch
1 TL Salz
¼ TL Pfeffer

CROUTONS

2 Scheiben Brot
2 EL Butter
1 EL Sonnenblumenöl

AUSSERDEM

50 g Pistazien

SO GEHT'S

1. Backofen auf 180 °C Ober-/Unterhitze (160 °C Umluft) vorheizen.
2. SUPPE: Das Gemüse in grobe Stücke schneiden, auf einem Backblech verteilen und mit Öl und Thymian vermengen. 15 Minuten auf mittlerer Schiene backen und anschließend wenden. Nach weiteren 15 Minuten mit Weißwein ablöschen und 10 Minuten fertig backen.
3. Das heiße Gemüse mit eventuell verbleibender Flüssigkeit in den Mixtopf geben. 300 g Wasser und restliche Zutaten für die Suppe hinzufügen und **2 Min./Stufe 10** pürieren. Mithilfe des Spatels hinunterschieben.
4. Suppe **10 Min./80 °C/Stufe 2** aufkochen.
5. CROUTONS: In der Zwischenzeit das Brot in Würfel schneiden. Butter und ÖL in einer Pfanne bei mittlerer Hitze schmelzen und Brotwürfel darin anbraten. Croutons bis zum Servieren zur Seite stellen.

Die Suppe mit den Croutons und Pistazien servieren.

AKTIVE ZEIT *20 MIN.*
GESAMTZEIT *1 STD. 10 MIN.*

HAUPTSPEISEN

MÖHREN-ZUCCHINI-QUICHE

MIT CHEDDAR-SAHNE-SOSSE

FÜR 4 PERSONEN

ZUTATEN

MÜRBETEIG

70 g Leinsamen, geröstet

240 g Weizenmehl, Type 405

100 g Butter

1 Ei

¼ TL Salz

SOSSE

280 g Cheddarkäse

2 Knoblauchzehen, geschält

210 g Sahne

230 g Vollmilch

3 Eier

10 g Gemüsegrundstock (siehe S. 39)

¼ TL Salz

¼ TL Pfeffer

1 Msp. geriebener Muskat

1 Zucchini

2 Möhren, geschält

AUSSERDEM

getrocknete Kichererbsen zum Beschweren (Blindbacken)

Weizenmehl für die Arbeitsfläche

SO GEHT'S

1. MÜRBETEIG: Leinsamen und Weizenmehl in den Mixtopf geben und **20 Sek./Stufe 10** pulverisieren.
2. Butter, Ei und Salz hinzufügen und **30 Sek./Stufe 10** vermengen. Teig zu einer Kugel formen, in Klarsichtfolie hüllen und 30 Minuten kalt stellen.
3. SOSSE: Cheddarkäse und Knoblauch in den Mixtopf geben und **10 Sek./Stufe 10** zerkleinern.
4. Sahne, Vollmilch, Eier und Gemüsegrundstock hinzugeben. Mit Salz, Pfeffer und Muskatnusspulver würzen und **20 Sek./Stufe 10** mixen.

Backofen auf 190 °C Ober-/Unterhitze (170 °C Umluft) vorheizen

Teig auf ein mit Weizenmehl bestäubtes Backpapier stürzen und Ø 35 cm ausrollen. Einen 28 cm großen Kreis ausstechen, Ränder entfernen und samt Backpapier auf den Boden einer Ø 28 cm großen Springform legen. Den verbleibenden Teig zu etwa 4 cm breiten Streifen ausrollen und an den Seiten der Springform andrücken. Mithilfe einer Gabel Boden und Ränder mehrmals einstechen. Auf den Teig Backpapier legen und getrocknete Hülsenfrüchte zum Beschweren einfüllen. Im Backofen auf mittlerer Schiene 15 Minuten vorbacken.

5. In der Zwischenzeit die Zucchini und Möhren mithilfe eines Kartoffelschälers in dünne Scheiben schneiden. Form vorsichtig aus dem Backofen nehmen und Hülsenfrüchte sowie oberes Backpapier entnehmen. Das Sahnegemisch in die Form gießen und Gemüsescheiben abwechselnd kreisförmig darin arrangieren. Quiche 35–40 Minuten auf mittlerer Schiene backen.

***AKTIVE ZEIT** 20 MIN.*
***GESAMTZEIT** 1 STD. 45 MIN*

HERZHAFTE BROTTASCHE

MIT TRÜFFELKARTOFFELN UND ZIMT

FÜR 4 PERSONEN

ZUTATEN

TEIG

125 g Wasser
2 TL Zucker
½ Päckchen Trockenhefe à 7 g (10 g Frischhefe)
360 g Weizenmehl, Type 550
125 g Vollmilch
30 g Butter
2 TL Salz

FÜLLUNG

600 g Trüffelkartoffeln
¼ TL Salz
¼ TL Pfeffer
¼ TL Zimtpulver
70 g Parmesan
2 Knoblauchzehen, geschält
120 g Ricotta
100 g Schmand
2 EL Olivenöl
1 Prise geriebener Muskat
¼ TL Salz
¼ TL Pfeffer
1 Handvoll Basilikumblätter
etwas Weizenmehl für die Arbeitsfläche

DEKORATION

2 Eigelb
1 EL schwarzer Kümmel
1 EL Sesamsamen

AKTIVE ZEIT *25 MIN.*
GESAMTZEIT *4 STD.*

SO GEHT'S

1. TEIG: Wasser, Zucker und Trockenhefe in den Mixtopf geben und **3 Min./37 °C/Stufe 2,5** vermengen.
2. Weizenmehl und Milch hinzugeben und **3 Min./Teigstufe** kneten.
3. Butter und Salz dazugeben und weitere **3 Min./Teigstufe** zu einem glatten Teig verkneten. Den Teig abgedeckt an einem warmen Ort 2 Stunden gehen lassen. Er sollte sich in dieser Zeit verdoppeln.
4. FÜLLUNG: 500 g Wasser in den Mixtopf geben. Kartoffeln im Varoma-Behälter platzieren und **35 Min./Varoma/Stufe 2** garen. Kartoffeln leicht abkühlen lassen, schälen und mundgerecht würfeln. Mit Salz, Pfeffer und Zimtpulver würzen.
5. Parmesan und Knoblauchzehen in den Mixtopf geben und **10 Sek./Stufe 10** zerkleinern. Ricotta, Schmand und Olivenöl hinzufügen. Mit Muskat, Salz und Pfeffer würzen und **25 Sek./Stufe 3** verrühren.
6. Teig auf einer bemehlten Arbeitsfläche auf 20 × 35 cm ausrollen. Füllung gleichmäßig auf dem Teig verstreichen – dabei einen 5 cm breiten Rand lassen – und Basilikum und Kartoffeln darauf verteilen. Seiten des Teiges mit Wasser befeuchten und über die Füllung klappen, sodass sie etwas überlappen und die Füllung bedecken. Anschließend gut zusammendrücken, sodass kein Saft austreten kann. Die Brottasche vorsichtig auf ein mit Backapier ausgelegtes Backblech legen, abdecken und an einem warmen Ort 1 Stunde ruhen lassen.
7. Backofen auf 200 °C Ober-/Unterhitze (180 °C Umluft) vorheizen.
8. DEKORATION: Brottasche mit Eigelb bestreichen, schwarzen Kümmel und Sesam darüber streuen.

Anschließend 20–30 Minuten auf mittlerer Schiene goldbraun backen. Vor dem Anschneiden 10 Minuten abkühlen lassen.

CALZONE

MIT PILZEN

FÜR 5 CALZONE

ZUTATEN

TEIG

1 Päckchen Trockenhefe à 7 g (20 g Frischhefe)

1 TL Zucker

500 g Weizenmehl, Type 550

1 EL Sonnenblumenöl

2 TL Salz

FÜLLUNG

100 g Parmesan

2 Frühlingszwiebeln, halbiert

3 Knoblauchzehen, geschält

20 g Olivenöl

500 g Pilze (Champignons, Shiitake-Pilze, Austernpilze, Pfifferlinge)

2 EL Zucker

40 g dunkler Balsamicoessig

10 g Gemüsegrundstock (siehe S. 39)

1 EL Weizenmehl, Typ 405

Salz

Pfeffer

5 EL Ricotta

1 Handvoll Basilikumblätter

AUSSERDEM

Hartweizengrieß für die Arbeitsfläche

SO GEHT'S

1. TEIG: Trockenhefe, 330 g Wasser und Zucker in den Mixtopf geben und **2 Min./37 °C/Stufe 2,5** auflösen.
2. Weizenmehl, Öl und Salz dazugeben und **3 Min./Teigstufe** kneten. Teig zu einer Kugel formen und abgedeckt an einem warmen Ort 2 Stunden gehen lassen oder bis er sich verdoppelt hat.
3. FÜLLUNG: Parmesan in den Mixtopf geben und **10 Sek./Stufe 10** zerkleinern; umfüllen.
4. Frühlingzwiebeln und Knoblauchzehen in den Mixtopf geben. **5 Sek./Stufe 8** hacken und mit dem Spatel hinunterschieben. Olivenöl hinzugeben und **3 Min./Varoma/Stufe 1** dünsten.
5. 400 g Pilze dazugeben und **5 Sek./Stufe 5** hacken. Mit dem Spatel hinunterschieben. Restliche Pilze in Scheiben schneiden und in den Mixtopf dazugeben.
6. Zucker, Essig, Gemüsegrundstock und Weizenmehl zugeben. Ohne Messbecher **25 Min./Varoma/Linkslauf/Stufe 1** dünsten. Anschließend mit Salz und Pfeffer abschmecken.
7. Backofen auf 200 °C Ober-/Unterhitze (180 °C Umluft) vorheizen und ein Backblech mit Backpapier auslegen.
8. Auf einer mit Hartweizengrieß bestreuten Arbeitsfläche den Teig in 5 gleich große Teile teilen. Jedes Teigstück auf Ø 20 cm ausrollen und obere Hälfte des Teiges mit etwas Pilzfüllung belegen, hierbei einen 2 cm breiten Rand lassen. Jeweils einen Esslöffel Ricotta, Basilikum und Parmesan über der Pilzfüllung verteilen. Die untere Teighälfte darüber klappen und Ränder mit einer Gabel eindrücken, um sie zu verschließen.
9. Calzone auf das vorbereite Backblech legen und auf mittlerer Schiene 25–30 Minuten goldgelb backen.

AKTIVE ZEIT *20 MIN.*
GESAMTZEIT *2 STD. 50 MIN.*

FOCACCIA

MIT TOMATEN UND EINGELEGTEN HONIGZWIEBELN

FÜR 4 PERSONEN

ZUTATEN

TEIG

2 TL Zucker

1 Päckchen Trockenhefe à 7 g (20 g Frischhefe)

500 g Weizenmehl, Type 550

175 g Vollmilch

40 g Butter

2 TL Salz

MARINIERTE ZWIEBELN

50 g Olivenöl

25 g Honig

20 g dunkler Balsamicoessig

1 rote Zwiebel, geschält und in dünne Ringe geschnitten

10 Zweige Thymian, gehackt

Salz

Pfeffer

AUSSERDEM

450 g Cocktailtomaten, entstrunkt und halbiert

1 Handvoll Basilikumblätter

etwas Olivenöl zum Servieren

SO GEHT'S

1. TEIG: 175 g Wasser, Zucker und Hefe in den Mixtopf geben und **3 Min./37 °C/Stufe 2,5** erwärmen.
2. Weizenmehl sowie Vollmilch hinzugeben und **3 Min./Teigstufe** kneten.
3. Anschließend Butter und Salz dazugeben und weitere **5 Min./Teigstufe** zu einem glatten Teig verkneten. Den Teig abgedeckt an einem warmen Ort 2 Stunden gehen lassen oder bis er sich verdoppelt hat.
4. MARINIERTE ZWIEBELN: In einer kleinen Schüssel Olivenöl mit Honig und Balsamicoessig vermengen. Zwiebelringe und Thymian hineingeben, mit Salz und Pfeffer abschmecken und zur Seite stellen.
5. Ein Backblech mit Backpapier auslegen, den Teig darauf stürzen und mit leicht geölten Händen auf 50 × 30 cm auseinanderziehen. Marinierte Zwiebeln mit der Balsamico-Honig-Marinade auf dem Teig verteilen und die Tomaten mit der Schnittfläche nach oben zeigend darauf arrangieren. Die Focaccia 20 Minuten ruhen lassen.
6. Backofen auf 200 °C Ober-/Unterhitze vorheizen (180 °C Umluft) und die Focaccia 25 Minuten oder bis zur gewünschten Bräune backen.

Basilikum auf der leicht abgekühlten Focaccia verteilen und mit zusätzlichem Olivenöl servieren.

***AKTIVE ZEIT** 15 MIN.*
***GESAMTZEIT** 2 STD. 45 MIN.*

RICOTTA-KRAPFEN

MIT ZITRONE UND BASILIKUM ZU TOMATENSALAT

FÜR 2 PERSONEN

ZUTATEN

RICOTTA-KRAPFEN

100 g Weizenmehl, Type 405
Abrieb von 1 Bio-Zitrone
1 Handvoll Basilikumblätter
500 g Ricotta
2 Eier
½ TL Backpulver
¼ TL Salz
1 Prise Pfeffer
Sonnenblumenöl zum Braten

SALAT

500 g Kirschtomaten, entstrunkt und geviertelt
1 Handvoll Basilikumblätter
40 g getrocknete Tomaten, gehackt
3 Zweige Thymian, gehackt
1 Knoblauchzehe, geschält und gehackt
2 EL Olivenöl
Salz
Pfeffer

SO GEHT'S

1. RICOTTA-KRAPFEN: Weizenmehl, Zitronenabrieb und Basilikum in den Mixtopf geben und **20 Sek./Stufe 10** mixen.
2. Ricotta, Eier, Backpulver, Salz und Pfeffer hinzufügen und **1 Min./Stufe 5** vermengen.
3. Eine mittelgroße Pfanne 2 cm hoch mit Sonnenblumenöl befüllen und auf etwa 180 °C erhitzen. Mit einem Esslöffel Krapfen abstechen, in die Pfanne geben und goldgelb von beiden Seiten ausbacken. Hierbei den Topf nicht überfüllen. Anschließend jeden Krapfen zum Abtropfen auf einen mit Küchenpapier ausgelegten Teller legen.
4. SALAT: Alle Zutaten für den Salat in einer Schüssel vermengen und mit Salz und Pfeffer abschmecken.

Warme Ricottakrapfen mit dem Salat servieren.

***AKTIVE ZEIT** 25 MIN.*
***GESAMTZEIT** 30 MIN.*

ZITRONEN-RICOTTA-RAVIOLI

MIT SALBEIBUTTER

FÜR 4 PERSONEN

ZUTATEN

PASTATEIG

4 Eier
2 EL Olivenöl
250 g Weizenmehl, Type 00*
135 g Hartweizengrieß, fein

FÜLLUNG

Abrieb von 1 Bio-Zitrone
120 g Parmesan
250 g Ricotta
1 Eigelb

SALBEIBUTTER

60 g Butter
40 g Sonnenblumenöl
1 Handvoll Salbei
Salz
Pfeffer

AUSSERDEM

extra Parmesan, gehobelt

*falls nicht vorhanden, kann auch Weizenmehl Type 405 verwendet werden

SO GEHT'S

1. PASTATEIG: Eier und Olivenöl in den Mixtopf geben und **10 Sek./Stufe 5** verquirlen.
2. Weizenmehl und Hartweizengrieß hinzugeben und **2,5 Min./Teigstufe** verkneten. Teig zur einer Kugel formen, in Klarsichtfolie einwickeln und 30 Minuten in den Kühlschrank legen.
3. FÜLLUNG: Zitronenabrieb und Parmesan in den Mixtopf geben und **10 Sek./Stufe 10** zerkleinern. Ricotta und Eigelb hinzufügen und **10 Sek./Stufe 5** vermengen. Masse in eine wiederverschließbare Tüte streichen, verschließen und bis zur Verwendung kühl stellen.
4. Auf einer bemehlten Arbeitsfläche Teig mit einem Nudelholz zu 10 × 30 × 0,15 cm großen Teigstreifen ausrollen. Jeweils 6 x 1 Teelöffel Füllung mittig auf die linke Teigstreifenhälfte mit gleich großem Abstand geben. Teigstreifen leicht mit Wasser besprühen und die rechte Teighälfte darüber klappen; um die Füllung herum zusammendrücken. Ravioli an den zusammengedrückten Stellen mit einem Raviolischneider oder einem Messer durchschneiden.
5. SALBEIBUTTER: Eine Pfanne mit Butter und Sonnenblumenöl erhitzen und Salbei hineingeben. Auf mittlerer Hitze braten, bis der Salbei gebräunt und knusprig ist. Mit Salz und Pfeffer abschmecken und beiseite stellen.
6. Reichlich Wasser und etwas Salz in einem Topf zum Kochen bringen. Die Ravioli etwa 3 Minuten bei mittlerer Hitze (nicht sprudelnd) kochen und mit einer Schaumkelle entnehmen. Fertige Ravioli in die Pfanne zu der Salbeibutter geben und gut vermischen.

Mit dem zusätzlich Parmesan bestreuen und sofort servieren.

AKTIVE ZEIT *35 MIN.*
GESAMTZEIT *1 STD.*

ZITRONENRISOTTO

MIT WALNUSSKERNEN UND ZIEGENFRISCHKÄSE

FÜR 2–3 PERSONEN

ZUTATEN

RISOTTO

100 g Parmesan

40 g Gemüsegrundstock (siehe S. 39)

60 g Schalotten, geschält und halbiert

3 Knoblauchzehen, geschält

Abrieb von 1 Bio-Zitrone

50 g Butter

200 g Risotto

150 g trockener Weißwein

70 g Baby-Spinat

GARNIEREN

150 g Ziegenfrischkäse

80 g Walnusskerne, geröstet und gehackt

Olivenöl zum Beträufeln

SO GEHT'S

1. RISOTTO: Den Parmesan in den Mixtopf geben und **5 Sek./Stufe 10** zerkleinern; umfüllen.
2. 510 g Wasser und Gemüsegrundstock in den Mixtopf geben und **4 Min./Varoma/Stufe 2** erhitzen; umfüllen.
3. Schalotten, Knoblauchzehen und Zitronenabrieb in den Mixtopf geben. **3 Sek./Stufe 5** hacken und mit dem Spatel hinunterschieben.
4. Butter hinzufügen und **5 Min./Varoma/Stufe 1** dünsten.
5. Risotto und Weißwein hinzugeben. **3 Min./Varoma/Linkslauf/Stufe 2** andünsten.
6. Die vorgewärmte Brühe sowie den Spinat hinzugeben. Mithilfe des Spatels die Masse gründlich umrühren. Hierbei darauf achten, dass am Mixtopfboden nichts mehr klebt.
7. Ohne Einsatz des Messbechers **14 Min./100°/Linkslauf/Stufe 1** garen.
8. Den Parmesan in den Mixtopf geben und mithilfe des Spatels vermengen.
9. GARNIEREN: Risotto mit Ziegenfrischkäse und Walnusskernen garnieren und mit Olivenöl beträufelt servieren.

AKTIVE ZEIT *15 MIN.*
GESAMTZEIT *40 MIN.*

TRÜFFELKARTOFFEL-GNOCCHI

FÜR 4 PERSONEN

ZUTATEN

GNOCCHI

500 g Trüffelkartoffeln
60 g Hartweizengrieß
250 g Weizenmehl, Type 405
1 Eigelb
1 TL Salz

SOSSE

30 g Olivenöl
2 TL Zucker
70 g getrocknete Tomaten
2 Knoblauchzehen, geschält
1 TL Paprikapulver, edelsüß
Salz
Pfeffer

AUSSERDEM

1 Handvoll Basilikumblätter
Weizenmehl für die Arbeitsfläche

SO GEHT'S

1. GNOCCHI: 500 g Wasser in den Mixtopf geben. Varoma-Behälter auf den Mixtopfdeckel setzen, Kartoffeln im Varoma-Behälter platzieren und **45 Min./Varoma/Stufe 2** garen. Kartoffeln leicht abkühlen lassen und anschließend schälen.
2. Geschälte Kartoffeln, Hartweizengrieß, Weizenmehl, Eigelb und Salz in den sauberen Mixtopf geben und **15 Sek./Stufe 10** mixen. Anschließend **1 Min./Teigstufe** verkneten.
3. Den Teig auf eine gut bemehlte Arbeitsfläche stürzen und vollständig mit Weizenmehl bestäuben, sodass er an der Außenseite nicht mehr klebt. Den Teig in 4 Teile teilen, jedes zu einer Rolle mit einem Durchmesser von etwa 2 cm formen und 1 cm breite Gnocchi abstechen. Gnocchi auf ein mit Weizenmehl bestäubtes Blech legen und zur Seite stellen.
4. SOSSE: In einer Pfanne Olivenöl mit Zucker erhitzen. Getrocknete Tomaten und Knoblauchzehen hineingeben und auf mittlerer Hitze leicht goldgelb rösten. Leicht abkühlen lassen und mit Paprikapulver, Pfeffer und Salz abschmecken.
5. Einen großen Topf mit gut gesalzenem Wasser zum Kochen bringen. Gnocchi vorsichtig hineingeben und etwa 4 Minuten kochen. Sobald die Gnocchi oben schwimmen, sind sie gar und können mit einem Schaumlöffel herausgenommen werden.
6. Die Gnocchi in die Pfanne stürzen und vorsichtig mit dem Öl vermengen.

Das Basilikum darüber streuen und direkt servieren.

AKTIVE ZEIT *20 MIN.*
GESAMTZEIT *1 STD. 20 MIN.*

GERÖSTETE AUBERGINEN

MIT KRÄUTERJOGHURT UND SPINAT-FLADENBROT

FÜR 2 PERSONEN

ZUTATEN

FLADENBROT

280 g Weizenmehl, Type 405
15 g Babyspinat
1 TL Kräutersalz (siehe S. 23)
½ TL Backpulver
40 g Sonnenblumenöl

DIP

250 g griechischer Joghurt
70 g Schmand
1½ TL Honig
10 g Petersilienblätter
1 Knoblauchzehe, geschält
5 Minzblätter
1 Frühlingszwiebel, halbiert
1 TL Sumachpulver
¼ TL Salz
¼ TL Pfeffer

AUBERGINEN

900 g Auberginen
Sonnenblumenöl
Salz
Pfeffer
frische Kräuter

AUSSERDEM

Weizenmehl zum Bestäuben

SO GEHT'S

1. FLADENBROT: Weizenmehl, Babyspinat, Kräutersalz und Backpulver in den Mixtopf geben und **10 Sek./Stufe 10** mixen.
2. 115 g Wasser und Sonnenblumenöl hinzugeben und **2 Min./Teigstufe** kneten. Den Teig auf eine mit Weizenmehl bestäubte Arbeitsfläche stürzen und zur Kugel formen. Anschließend bei Zimmertemperatur 30 Minuten abgedeckt ruhen lassen.
3. DIP: Alle Zutaten in den Mixtopf geben und **15 Sek./Stufe 10** mixen. Falls Stücke zurückbleiben, den Vorgang wiederholen. Den Dip bis zum Servieren kalt stellen.
4. AUBERGINEN: Mixtopf mit 500 g Wasser füllen. Die Auberginen in 2 cm dicke Scheiben schneiden und im Varoma-Behälter und -Einlegeboden verteilen. Varoma-Behälter aufsetzen und die Auberginen **15 Min./Varoma/Stufe 1** garen.
5. In der Zwischenzeit den Teig in 12 gleich große Teile teilen und auf einer mit Weizenmehl bestäubten Arbeitsfläche auf Ø 20 cm dünn ausrollen. Anschließend die Fladen in einer heißen Pfanne ohne Fett jeweils von beiden Seiten etwa 1 Minute backen. Die fertigen Fladen bis zum Servieren abdecken.
6. In einer Pfanne Öl erhitzen und gedämpfte Auberginenscheiben von beiden Seiten scharf anbraten. Anschließend mit Salz und Pfeffer würzen.

Fertige Auberginen mit dem Fladenbrot, dem Dip und frischen Kräutern servieren.

AKTIVE ZEIT *30 MIN.*
GESAMTZEIT *1 STD. 20 MIN.*

LACHS AUF ZUCCHINISPAGHETTI

MIT CASHEWKERN-CREME-SOSSE

FÜR 2 PERSONEN

ZUTATEN

CASHEWKERN-CREME-SOSSE

2 Knoblauchzehen, geschält
1 Handvoll Korianderblätter
Abrieb von 1 Bio-Limette
300 g Cashewcreme (siehe S. 35)
5 g Limettensaft
100 g Kokosnussmilch
1 Prise Cayennepfeffer
Salz
Pfeffer

LACHS & ZUCCHINI-SPAGHETTI

300 g Lachsfilet, gesäubert
2 EL Olivenöl
Salz
Pfeffer
3 Zucchini

SO GEHT'S

1. **CASHEWKERN-CREME-SOSSE:** Knoblauch, Koriander und Limettenabrieb in den Mixtopf geben und **5 Sek./Stufe 10** zerkleinern, mit dem Spatel hinunterschieben.
2. Restliche Zutaten für die Soße hinzugeben, **15 Sek./Stufe 10** zu einer cremigen Masse verarbeiten. Mit Salz und Pfeffer abschmecken. Soße in eine Schüssel umfüllen und beiseite stellen.
3. **LACHS & ZUCCHINISPAGHETTI:** 500 g Wasser in den Mixtopf geben. Varoma-Behälter auf den Mixtopfdeckel setzen. Ein Stück Backpapier mit Wasser durchnässen, in den Varoma-Behälter legen und das Lachsfilet hineingeben. Mit Olivenöl beträufeln und mit Salz und Pfeffer würzen. Varoma-Behälter schließen und **12 Min./Varoma/Stufe 1,5** dünsten.
4. Zucchini mit einem Sparschäler oder einem Spiralschneider in dünne Streifen schneiden und auf den Varoma-Einlegeboden legen. Den Varoma-Einlegeboden in den Varoma-Behälter einsetzen und mit dem Lachs **8 Min./Varoma/Stufe 1,5** garen.

Zucchinispaghetti mit der Soße vermengen und mit dem Lachsfilet servieren.

AKTIVE ZEIT *20 MIN.*
GESAMTZEIT *40 MIN.*

SPARE RIBS

MIT BARBECUE-SOSSE

FÜR 2 PERSONEN

ZUTATEN

SPARE RIBS

- 1½ kg Spare Ribs
- 2 EL Honig
- ¼ TL Cayennepfeffer
- 1 TL Kreuzkümmel, gemahlen
- 2 TL Paprikapulver
- 1 TL Salz, 1 TL Pfeffer
- 2 TL Knoblauchpulver
- 4 EL Sonnenblumenöl

BARBECUE-SOSSE

- 700 g Tomaten, entstrunkt
- 7 Datteln, entkernt
- 50 g Zwiebel, geschält und halbiert
- 3 Knoblauchzehen, geschält
- 2 EL Tamarinde*, geschält und entkernt
- 40 g getrocknete Pflaumen, entkernt
- 1 EL Sojasoße
- 4 Nelken
- ½ TL Muskatpulver
- 2 TL Paprikapulver, edelsüß
- ½ TL Zimtpulver
- 1 TL Pfeffer
- 40 g dunkler Balsamicoessig
- 140 g Tomatenmark
- 1 rote Paprika, entkernt und halbiert
- 1 Prise Chiliflocken
- ½ TL Salz
- 100–200 g Apfelsaft

AKTIVE ZEIT *25 MIN.*
GESAMTZEIT *4 STD. 45 MIN.*

SO GEHT'S

1. SPARE RIBS: Silberhaut der Spare Ribs entfernen. Hierzu wird ein Messer unter der Silberhaut durchgeführt und diese mit der Rückseite des Messers angehoben. Anschließend kann sie mit den Händen abgezogen werden. Spare Ribs auf ein großes Stück Alufolie legen.
2. In einer kleinen Schale Honig, Cayennepfeffer, Kreuzkümmel, Paprikapulver, Salz, Pfeffer und Knoblauchpulver vermengen. Sonnenblumenöl hinzugeben und gut vermischen. Mithilfe eines Pinsels die Spare Ribs von allen Seiten mit der Marinade bestreichen, in Alufolie wickeln und 1 Stunde ziehen lassen.
3. Backofen auf 120 °C Ober-/Unterhitze vorheizen (100 °C Umluft) und die eingepackten Spare Ribs 3 Stunden auf mittlerer Schiene backen.
4. BARBECUE-SOSSE: Alle Zutaten für die Soße bis auf den Apfelsaft in den Mixtopf geben und **2 Min./Stufe 10** mixen.
5. Soße mit Apfelsaft auf gewünschte Konsistenz verdünnen und **45 Min./100 °C/Stufe 3** aufkochen lassen. Anschließend **1 Min./Stufe 10** pürieren. In Einmachgläser gefüllt und im Kühlschrank gelagert hält die Barbecue-Soße einige Wochen.
6. Spare Ribs aus dem Backofen nehmen und die Temperatur des Backofens auf 230 °C Ober-/Unterhitze (210 °C Umluft) hochstellen. Spare Ribs von beiden Seiten mit der Barbecue-Soße bepinseln. Anschließend im Backofen ohne Alufolie auf einem Backblech 15–20 Minuten oder bis zur gewünschten Bräune backen.

Spare Ribs mit der Barbecue-Soße servieren.

TIPP

*2 Esslöffel Tamarinde können durch 2 Esslöffel Worcestershire-Soße ersetzt werden.

HÜHNCHENBRUST

Á LA CAPRESE

FÜR 2 PERSONEN

ZUTATEN

2 mittelgroße Hühnerbrüste
Salz
Pfeffer
500 g Camparitomaten, entstrunkt
125 g Mozzarella
1 Handvoll Basilikumblätter
5 EL Olivenöl
3 EL Butter
1 EL Sonnenblumenöl

AUSSERDEM

½ Handvoll Basilikumblätter
6 Zahnstocher

SO GEHT'S

1. 500 g Wasser in den Mixtopf geben und Varoma-Behälter auf den Mixtopfdeckel setzen. Boden des Varoma-Behälters mit durchnässtem Backpapier auslegen. Hühnerbrüste vom Fett befreien, waschen und trockentupfen. Der Länge nach mittig zu einer Tasche einschneiden und von außen und innen kräftig mit Salz und Pfeffer würzen.
2. 4 Camparitomaten und Mozzarella in Scheiben schneiden.
3. Basilikumblätter, Mozzarella und die geschnittenen Cocktailtomaten abwechselnd in die Hühnerbrusttaschen hineinlegen. Mit Zahnstochern an den äußeren Seiten verschließen und in den Varoma-Behälter einlegen. Mit Olivenöl beträufeln und **15 Min./Varoma/Stufe 2** dämpfen.
4. Restliche Cocktailtomaten hinzugeben und weitere **9 Min./Varoma/Stufe 2** fertig dämpfen.
5. Butter und Sonnenblumenöl in einer Pfanne erhitzen, die Hühnerbrusttaschen darin scharf anbraten.

Hühnerbrüste mit Cocktailtomaten und Basilikumblättern servieren.

AKTIVE ZEIT *<20 MIN.*
GESAMTZEIT *1 STD.*

GULASCH IM BRÖTCHEN

MIT MÖHREN

FÜR 4 PERSONEN

ZUTATEN

500 g Zwiebeln, geschält und geviertelt
1 Stange Sellerie, geputzt und gedrittelt
3 EL Sonnenblumenöl
700 g Rindergulasch
(2 ½ cm groß gewürfelt)
200 g Möhren, geschält und gedrittelt
60 g Gemüsegrundstock (siehe S. 39)
80 g Tomatenmark
1 TL Kreuzkümmelpulver
1 Lorbeerblatt
250 g Tomaten, entstrunkt und gewürfelt
1 TL getrockneter Estragon
1 TL Paprikapulver
2 TL Zucker
½ TL Salz
¼ TL Pfeffer

AUSSERDEM

4 Kartoffelbrötchen (siehe S. 99)

SO GEHT'S

1. Zwiebeln in den Mixtopf hineingeben und **4 Sek./Stufe 5** zerkleinern und umfüllen.
2. Sellerie in den Mixtopf geben und **3 Sek./Stufe 5** zerkleinern.
3. Sonnenblumenöl in einer großen Pfanne erhitzen. Fleisch portionsweise von allen Seiten scharf anbraten und in den Mixtopf umfüllen.
4. Zwiebeln in die Pfanne geben und ohne Zugabe von Fett auf mittlerer Hitze goldbraun anbraten (etwa 8 Minuten). Zwiebeln in den Mixtopf umfüllen.
5. 150 g Wasser und restliche Zutaten in den Mixtopf geben und mit dem Spatel umrühren. **70 Min./95 °C/Linkslauf/Rührlöffelstufe** kochen.
6. Mit einem Messer den oberen Teil des Brötchens abschneiden und das Brötchen mit einem Löffel aushöhlen.

Gulasch in die Brötchen einfüllen und servieren.

TIPP

Für eine cremigere Variante kann man das Gulasch mit einem Löffel Schmand servieren.

AKTIVE ZEIT *25 MIN.*
GESAMTZEIT *1 STD. 30 MIN.*

SÜSSES

ZITRONENKUCHEN

MIT FEIGEN UND FRISCHKÄSEHAUBE

FÜR 1 KASTENFORM

ZUTATEN

TEIG

170 g Zucker
1 EL Vanillezucker
Abrieb von 1 Bio-Zitrone
240 g Butter, in Stücken
50 g Zitronensaft
5 Eier
110 g Frischkäse
370 g Weizenmehl, Type 405
3 TL Backpulver
1 Prise Salz

AUSSERDEM

Butter für die Form
Weizenmehl zum Bestäuben

FRISCHKÄSEHAUBE

100 g Zucker
2 EL Vanillezucker
250 g Frischkäse
160 g Butter

BELAG

300 g Feigen, halbiert
½ Handvoll Pistazien, gehackt
1 EL Honig

SO GEHT'S

1. Backofen auf 170 °C Ober-/Unterhitze (150 °C Umluft) vorheizen. Eine 25–28 cm lange Kuchenform mit Butter ausstreichen und mit etwas Weizenmehl bestäuben.
2. TEIG: Zucker, Vanillezucker und Zitronenabrieb in den Mixtopf geben und **10 Sek./Stufe 10** pulverisieren; umfüllen.
3. Butter in den Mixtopf geben und **3 Min./50 °C/Stufe 1** schmelzen.
4. Pulverisierten Zucker, Zitronensaft und Eier hinzugeben und **1 Min./Stufe 3,5** aufschlagen.
5. Frischkäse, Weizenmehl, Backpulver und Salz dazugeben und **40 Sek./Stufe 7** vermengen.
6. Teig gleichmäßig in die vorbereitete Form streichen und auf mittlerer Schiene 1 Stunde backen. Anschließend auf einem Kuchengitter vollständig auskühlen lassen.
7. FRISCHKÄSEHAUBE: In der Zwischenzeit Zucker und Vanillezucker in den sauberen Mixtopf geben und **10 Sek./Stufe 10** pulverisieren.
8. Frischkäse und Butter hinzugeben und **50 Sek./Stufe 6** vermengen. Creme für etwa 20 Minuten kalt stellen.
9. Creme auf den abgekühlten Kuchen streichen.
10. BELAG: Feigen auf dem Frosting arrangieren, mit Pistazien bestreuen und Honig darüberträufeln.

AKTIVE ZEIT *15 MIN.*
GESAMTZEIT *1 STD. 40 MIN.*

BUCHWEIZENTORTE

MIT ERDBEEREN

FÜR 12 STÜCK

ZUTATEN

TORTENBODEN

150 g Buchweizen
6 Eigelb
200 g Zucker
50 g Weizenmehl, Type 405
1 EL Speisestärke
1 TL Backpulver
1 TL Vanilleextrakt
1 Prise Salz
6 Eiweiß

FÜLLUNG

2 Eigelb
20 g Zucker
275 g Sahne
2 TL Vanilleextrakt
100 g Vollmilch
3 ½ TL Speisestärke
1 TL Puderzucker
6 EL Preiselbeermarmelade
500 g Erdbeeren, entstrunkt und gestückelt

DEKORATION

100 g Zartbitterschokolade, geraspelt
frische Beeren (z. B. Blaubeeren und Erdbeeren)

SO GEHT'S

1. Backofen auf 180 °C Ober-/Unterhitze (160 °C Umluft) vorheizen. Springform mit Ø 26 cm einfetten, Boden mit Backpapier auslegen und beiseite stellen.
2. TORTENBODEN: Buchweizen in den Mixtopf geben und **1,5 Min./Stufe 10** pulverisieren; umfüllen.
3. Eigelb und Zucker in den Mixtopf geben und **1 Min./Stufe 3,5** aufschlagen. Weizenmehl, Buchweizen, Stärke, Backpulver, Vanilleextrakt, 3 Esslöffel Wasser und Salz hinzugeben. **30 Sek./Stufe 4** vermengen; umfüllen.
4. Schmetterling in den gesäuberten Mixtopf einsetzen. Eiweiß hineingeben und auf **Stufe 3** steif schlagen (etwa 3–4 Minuten). Mit dem Spatel den Eischnee unter die Eigelb-/Mehlmasse heben, in die Springform geben und glattstreichen.
5. Tortenboden 40–45 Minuten auf mittlerer Schiene backen, anschließend vollständig auskühlen lassen.
6. FÜLLUNG: Eigelb, Zucker, 25 g Sahne, Vanilleextrakt, Vollmilch und 2,5 Teelöffel Stärke in den gesäuberten Mixtopf geben. **10 Sek./Stufe 10** mixen und mithilfe des Spatels hinunterschieben. **8 Min./90 °C/Stufe 3** kochen. In einen flachen Behälter füllen, abdecken und zum Abkühlen beiseite stellen.
7. Schmetterling in den gesäuberten Mixtopf einsetzen. Restliche Sahne, Puderzucker und 1 Teelöffel Speisestärke einfüllen und auf Stufe 3 steif schlagen. Pudding hinzugeben, **4 Sek./Linkslauf/Stufe 3,5** vermengen und kalt stellen.
8. DEKORATION: Tortenboden quer durchschneiden. Böden mit Marmelade und Füllung bestreichen, mit Erdbeeren belegen und aufeinanderstapeln. Mit Schokoladenraspeln und Beeren verzieren und abgedeckt 6 Stunden zum Durchziehen kalt stellen.

AKTIVE ZEIT *30 MIN.*
GESAMTZEIT *7 STD. 30 MIN.*

ZITRONEN-MOHN-CUPCAKES

MIT FRISCHKÄSEHAUBE

FÜR 12 CUPCAKES

ZUTATEN

TEIG

20 g Mohn
200 g Zucker
Abrieb von 1 Bio-Zitrone
100 g Butter
4 Eier
50 g Zitronensaft
200 g Weizenmehl, Type 405
½ TL Backpulver
¼ TL Salz
80 g Schmand
120 g Buttermilch

ZITRONENCREME

Abrieb von 2 Bio-Zitronen
60 g Zucker
85 g Zitronensaft
1 Ei
1 Eigelb
50 g Butter

FRISCHKÄSEHAUBE

180 g Zucker
200 g Frischkäse
160 g Butter
2 TL Vanilleextrakt
2 EL Vollmilch

SO GEHT'S

1. Den Backofen auf 180 °C Ober-/Unterhitze (160 °C Umluft) vorheizen. Ein 12er-Muffinblech mit Papierförmchen auslegen und beiseite stellen.
2. TEIG: Den Mohn in den Mixtopf geben, **3 Min./80 °C/Stufe 2** erhitzen und **20 Sek./Stufe 10** pulverisieren; umfüllen.
3. Zucker und Zitronenabrieb in den Mixtopf geben und **10 Sek./Stufe 10** pulverisieren. Butter hinzugeben, **10 Sek./Stufe 6** vermengen und mit dem Spatel hinunterschieben. Eier hinzugeben. **1 Min./Linkslauf/Stufe 4** aufschlagen und mit dem Spatel hinunterschieben.
4. Mohn und restliche Zutaten für den Teig hinzufügen und **1 Min./Linkslauf/Stufe 4** vermengen. Die Masse gleichmäßig in die Muffinförmchen verteilen und 20–25 Minuten auf mittlerer Schiene backen. Cupcakes aus der Form nehmen und auf einem Kuchengitter vollständig auskühlen lassen.
5. ZITRONENCREME: Zitronenabrieb und Zucker in den sauberen Mixtopf geben, **10 Sek./Stufe 10** pulverisieren und mit dem Spatel hinunterschieben. Restliche Zutaten für die Zitronencreme hinzugeben. **8 Min./90 °C/Stufe 2,5** erhitzen und umfüllen.
6. FRISCHKÄSEHAUBE: Zucker in den sauberen Mixtopf geben, **10 Sek./Stufe 10** pulverisieren und mit dem Spatel hinunterschieben. Restliche Zutaten hinzugeben und **50 Sek./Stufe 6** aufschlagen. Masse in einen Spritzbeutel mit Aufsatz füllen und kühl stellen.
7. Die abgekühlten Cupcakes in der Mitte aushöhlen (∅ 2 cm), mit Zitronencreme füllen und mit Frischkäsecreme dekorieren.

TIPP

Die Cupcakes können wunderbar eingefroren werden.

AKTIVE ZEIT *30 MIN.*
GESAMTZEIT *1 STD.*

SAFTIGE KÜRBIS-CUPCAKES

MIT FRISCHKÄSEHAUBE

FÜR 12 CUPCAKES

ZUTATEN

TEIG

2 Eiweiß

1 Prise Salz

120 g Mandeln

160 g Butternut-Kürbis, geschält und entkernt

2 Eigelb

50 g brauner Zucker

50 g Zucker

½ TL Zimtpulver

1 TL Vanilleextrakt

100 g Sonnenblumenöl

60 g Weizenmehl, Type 405

1½ TL Backpulver

¼ TL Salz

FRISCHKÄSEHAUBE

150 g Zucker

90 g Butter

270 g Frischkäse

1 TL Vanilleextrakt

SO GEHT'S

1. Backofen auf 160 °C Ober-/Unterhitze vorheizen (140 °C Umluft). Ein 12er-Muffinblech mit Papierförmchen auslegen und beiseite stellen.
2. TEIG: Den Schmetterling in den sauberen und fettfreien Mixtopf einsetzen. Eiweiß mit einer Prise Salz hinzufügen und auf **Stufe 4** steif schlagen (3–4 Minuten); umfüllen und zur Seite stellen.
3. Mandeln in den sauberen Mixtopf geben und **10 Sek./Stufe 10** zerkleinern; umfüllen.
4. Butternut-Kürbis in den Mixtopf geben. **10 Sek./Stufe 10** zerkleinern und zu den Mandeln dazugeben.
5. Eigelb, braunen Zucker und Zucker, Zimtpulver und Vanilleextrakt in den Mixtopf geben und **30 Sek./Stufe 4** schaumig schlagen.
6. Mandeln, Kürbis, Sonnenblumenöl, Weizenmehl, Backpulver und Salz dem Mixtopf hinzufügen und **40 Sek./Stufe 3** vermengen.
7. Eiweiß mithilfe des Spatels vorsichtig unter die Teigmasse heben und diese in die Muffinförmchen verteilen. Auf mittlerer Schiene 25 Minuten backen. Anschließend im Muffinblech vollständig auskühlen lassen.
8. FRISCHKÄSEHAUBE: Zucker in den sauberen Mixtopf geben und **10 Sek./Stufe 10** pulverisieren. Butter, Frischkäse und Vanilleextrakt dazugeben und **50 Sek./Stufe 6** vermengen. In einen Spritzbeutel umfüllen und 10 Minuten kalt stellen.
9. Die abgekühlten Cupcakes mit der Frischkäsemasse dekorieren und direkt servieren.

TIPP

Die Cupcakes können gut eingefroren und zu einem späteren Zeitpunkt genossen werden.

***AKTIVE ZEIT** 15 MIN.*
***GESAMTZEIT** 45 MIN.*

MÖHREN-CUPCAKES

MIT FRISCHKÄSEHAUBE

FÜR 12 CUPCAKES

ZUTATEN

TEIG

60 g Mandeln
200 g Möhren, gedrittelt
50 g ungesüßte Kokosnussflocken
150 g Ananas aus der Dose, in Stücken und abgetropft
100 g Sonnenblumenöl
30 g Butter
2 TL Vanilleextrakt
2 Eier
100 g Zucker
200 g Weizenmehl, Type 405
1 TL Backpulver
½ TL Salz
¾ TL Natron
1 TL Zimtpulver
1 TL Kardamompulver

FRISCHKÄSEHAUBE

250 g Zucker
250 g Frischkäse
100 g Butter
2 TL Vanilleextrakt

SO GEHT'S

1. Backofen auf 180 °C Ober-/Unterhitze (160 °C Umluft) vorheizen. Ein 12er-Muffinblech mit Papierförmchen auslegen und beiseite stellen.
2. TEIG: Mandeln, Möhren, Kokosnussflocken und Ananas in den Mixtopf geben, **4 Sek./Stufe 6** zerkleinern. Umfüllen und beiseite stellen.
3. Sonnenblumenöl, Butter, Vanilleextrakt und Eier in den Mixtopf geben und **15 Sek./Stufe 4** vermengen.
4. Zerkleinerte Mandeln, Möhren, Kokosnussflocken und Ananas mit den restlichen Zutaten für den Teig dazu geben. **40 Sek./Linkslauf/Stufe 4** vermengen.
5. Teig gleichmäßig in die Muffinförmchen verteilen und 25 Minuten auf mittlerer Schiene backen. Cupcakes auf einem Kuchengitter vollständig auskühlen lassen.
6. FRISCHKÄSEHAUBE: Zucker in den sauberen Mixtopf geben und **10 Sek./Stufe 10** pulverisieren.
7. Frischkäse, Butter und Vanilleextrakt hinzugeben und **50 Sek./Stufe 6** aufschlagen. Die Frischkäsemasse in einen Spritzbeutel mit Tülle umfüllen und im Kühlschrank aufbewahren, bis die Cupcakes komplett abgekühlt sind.
8. Cupcakes mit der Frischekäsemasse dekorieren und servieren.

AKTIVE ZEIT *25 MIN.*
GESAMTZEIT *1 STD.*

MINZ-CUPCAKES

MIT FRISCHKÄSEHAUBE

FÜR 12 MUFFINS

ZUTATEN

TEIG

120 g Zucker
120 g Butter, in Stücken
3 Eier
115 g Vollmilch
130 g Weizenmehl, Type 405
2 TL Vanilleextrakt
2 TL Backpulver
30 g ungesüßtes Kakaopulver
1 Prise Salz
100 g After Eight®
40 g Zartbitterschokolade, in groben Stücken

FRISCHKÄSEHAUBE

120 g Zucker
250 g Frischkäse
200 g Butter, in Stücken
2 TL Vanilleextrakt
6 Tropfen grüne Lebensmittelfarbe

SO GEHT'S

1. Backofen auf 180 °C Ober-/Unterhitze (160 °C Umluft) vorheizen. Ein 12er-Muffinblech mit Papierförmchen auslegen und beiseite stellen.
2. TEIG: Zucker in den Mixtopf geben und **10 Sek./Stufe 10** pulverisieren.
3. Butter und Eier hinzugeben und **10 Sek./Stufe 6** vermengen; mit dem Spatel hinunterschieben. **2 Min./Linkslauf/Stufe 5** aufschlagen und mit dem Spatel hinunterschieben.
4. Vollmilch, Weizenmehl, Vanilleextrakt, Backpulver, Kakaopulver und Salz hinzugeben und **10 Sek./Stufe 4** vermengen.
5. After Eight® und Zartbitterschokolade hinzugeben und **30 Sek./Stufe 10** zerkleinern.
6. Masse gleichmäßig in die Muffinförmchen verteilen und 25 Minuten auf mittlerer Schiene backen. Cupcakes auf einem Kuchengitter abkühlen lassen.
7. FRISCHKÄSEHAUBE: In der Zwischenzeit Zucker in den sauberen Mixtopf geben und **10 Sek./Stufe 10** pulverisieren.
8. Frischkäse, Butter und Vanilleextrakt hinzugeben und **50 Sek./Stufe 6** aufschlagen.
9. Lebensmittelfarbe dazugeben und **10 Sek./Stufe 3,5** vermengen. Frischkäsemasse in einen Spritzbeutel füllen und bis zur Verwendung im Kühlschrank lagern.
10. Cupcakes mit der Frischkäsemasse dekorieren.

AKTIVE ZEIT *25 MIN.*
GESAMTZEIT *1 STD.*

MÖHREN-SCHOKOLADEN-KUCHEN

MIT ZITRONEN-FRISCHKÄSEHAUBE

FÜR 1 BACKBLECH

ZUTATEN

TEIG

150 g Zartbitterschokolade, grob zerteilt

100 g Mandeln

350 g Möhren, geschält und halbiert

4 Eier

160 g Zucker

3 TL Vanillezucker

¼ TL Zimtpulver

1 Prise Salz

220 g Sonnenblumenöl

250 g Weizenmehl, Type 405

3 TL Backpulver

40 g ungesüßtes Kakaopulver

100 g Walnusskerne

FRISCHKÄSEHAUBE

80 g Zucker

220 g Frischkäse

120 g Schmand

1 TL Vanilleextrakt

AUSSERDEM

Abrieb von ½ Bio-Zitrone

geröstete Mandelsplitter zur Dekoration

SO GEHT'S

1. Backofen auf 170 °C Ober-/Unterhitze (150 °C Umluft) vorheizen und ein 20 × 30 cm großes Backblech mit Backpapier auslegen.
2. TEIG: Zartbitterschokolade in den Mixtopf geben. **15 Sek./Stufe 10** zerkleinern und anschließend umfüllen.
3. Mandeln im Mixtopf **10 Sek./Stufe 10** zerkleinern.
4. Möhren hinzufügen und **5 Sek./Stufe 5** hacken. Beides zur Schokolade geben.
5. Eier, Zucker, Vanillezucker, Zimtpulver und Salz in den Mixtopf geben und **30 Sek./Stufe 8** vermengen.
6. Sonnenblumenöl, Weizenmehl, Backpulver und Kakaopulver dazugeben und **40 Sek./Stufe 7** verühren.
7. Zerkleinerte Schokolade, zerkleinerte Mandeln, zerkleinerte Möhren sowie Walnusskerne hinzugeben. **30 Sek./Linkslauf/Stufe 4** vermengen.
8. Teig in die vorbereitete Form geben und auf mittlerer Schiene 30 Minuten backen.
9. FRISCHKÄSEHAUBE: Zucker in den Mixtopf geben und **10 Sek./Stufe 10** pulverisieren. Mit dem Spatel den Zucker an den Seiten hinunterschieben.
10. Frischkäse, Schmand und Vanilleextrakt hinzugeben und **30 Sek./Stufe 4** vermischen. Bis zum Gebrauch kalt stellen.
11. Frischkäsecreme auf dem abgekühlten Kuchen gleichmäßig verstreichen und mit Zitronenabrieb und Mandelsplittern bestreuen.

AKTIVE ZEIT *15 MIN.*
GESAMTZEIT *45 MIN.*

TIRAMISU IM PÄCKCHEN

SCHOKOLADENPFANNKUCHEN MIT MASCARPONE-CREME

FÜR ETWA 18 PFANNKUCHEN

ZUTATEN

PFANNKUCHEN

5 Eier
70 g Zucker
600 g Vollmilch
½ TL Salz
¾ TL Backpulver
2 EL Sonnenblumenöl
400 g Weizenmehl, Type 405
2 EL ungesüßtes Kakaopulver
1 ½ TL Vanilleextrakt

MASCARPONE-CREME

70 g Löffelbiskuits, halbiert
150 g Zucker
4 Eigelb
200 g kalter Mascarpone
200 g kalte Sahne
1 TL Speisestärke
1 TL Puderzucker
40 g kalter Espresso
½ TL Vanilleextrakt

AUSSERDEM

Sonnenblumenöl für die Pfanne

AKTIVE ZEIT 40 MIN.
GESAMTZEIT 1 STD. 40 MIN.

SO GEHT'S

1. PFANNKUCHEN: Schmetterling in den Mixtopf einsetzen, Eier und Zucker in den Mixtopf geben und **4 Min./Stufe 4** aufschlagen.
2. Schmetterling herausnehmen. 150 g Wasser und restliche Zutaten hinzugeben. **1,5 Min./Stufe 4** vermengen und umfüllen. 30 Minuten abgedeckt quellen lassen.
3. MASCARPONE-CREME: Löffelbiskuits in den Mixtopf geben, 50 g Zucker zugeben und **15 Sek./Stufe 10** pulverisieren; in eine Schüssel umfüllen.
4. Schmetterling in den Mixtopf einsetzen. Eigelb und 100 g Zucker in den Mixtopf geben. **8 Min./80 °C/Stufe 3** aufschlagen.
5. Mascarpone hinzufügen und **1 Min./Stufe 3** vermengen; umfüllen.
6. Schmetterling und Mixtopf reinigen. Schmetterling einsetzen. Sahne, Speisestärke und Puderzucker in den Mixopf geben und auf **Stufe 3** auf Sicht steif schlagen. Sahne vorsichtig unter die Mascarponemasse heben.
7. Pulverisierte Löffelbiskuits, Zucker, Espresso und Vanilleextrakt ebenfalls in die Schüssel geben. Mit dem Spatel vorsichtig vermengen, abdecken und im Kühlschrank abkühlen lassen.
8. Eine mittelgroße Pfanne mit Sonnenblumenöl erhitzen und auf mittlerer Hitze Pfannkuchen von beiden Seiten ausbacken. Pfannkuchen abkühlen lassen.
9. Pfannkuchen mit der Mascarpone-Creme bestreichen und Rand aussparen. Mithilfe eines Küchengarns zu Päckchen zusammenbinden. Vor dem Verzehr das Küchengarn entfernen.

VARIANTE

Die Masse gleichmäßig auf die Pfannkuchen verteilen und Pfannkuchen zu einem Kuchen stapeln oder aufrollen. Für diese Abwandlungen die 1½ fache Menge der Mascarpone-Creme herstellen.

BEERENTÖRTCHEN

MIT PUDDINGFÜLLUNG

FÜR 5 TÖRTCHEN

ZUTATEN

MÜRBETEIG

150 g Weizenmehl, Type 405
100 g Butter, in Stücken
50 g Zucker
1 Eigelb
1 Prise Salz

PUDDING

330 g Vollmilch
2 Eigelb
20 g Speisestärke
30 g Zucker
½ Vanilleschote (oder 2 TL Vanilleextrakt)

TOPPING

500 g gemischte Beeren (Erdbeeren, Brombeeren, Blaubeeren)
Puderzucker zum Bestäuben

SO GEHT'S

1. MÜRBETEIG: Alle Zutaten für den Mürbeteig in den Mixtopf geben und **20 Sek./Stufe 10** vermischen. Teig zu einer Kugel formen, in Klarsichtfolie hüllen und 1 Stunde in den Kühlschrank legen.
2. PUDDING: Vollmilch, Eigelb, Speisestärke, Zucker und Vanilleschote in den Mixtopf geben und **20 Sek./Stufe 10** pürieren.
3. Anschließend **7 Min./90 °C/Stufe 3** kochen. Pudding in eine Schüssel füllen und Klarsichtfolie auf den Pudding legen, sodass sich keine Haut bilden kann. Pudding zum Abkühlen zur Seite stellen.
4. Backofen auf 180 °C Ober-/Unterhitze vorheizen (160 °C Umluft).
5. Abgekühlten Teig in 5 Teile á 60 g teilen. Jedes Teigstück mit den Fingern gleichmäßig auf dem Boden und den Seiten einer 12 cm großen Tartelette-Form verteilen. Auf mittlerer Schiene 15 Minuten goldgelb backen. In der Form vollständig abkühlen lassen.
6. Pudding in eine Spritztüte geben und gleichmäßig auf die Törtchen verteilen.
7. TOPPING: Beeren auf den Törtchen arrangieren und mit extra Puderzucker bestäuben.

AKTIVE ZEIT 20 MIN.
GESAMTZEIT 1 STD. 30 MIN.

SCHOKOLADEN-AVOCADO-KUCHEN

MIT PFIRSICHEN

FÜR 2 PERSONEN

ZUTATEN

BODEN

7 Datteln, entkernt und 10 Min. in Wasser eingelegt
20 g Ahornsirup
70 g Mandeln
70 g Walnusskerne
35 g Haferflocken
20 g ungesüßtes Kakaopulver
1 Prise Salz

CREMEFÜLLUNG

100 g Zucker
30 g Ahornsirup
60 g Kokosnussöl
450 g reife Avocados, geschält und entkernt
2 TL Vanilleextrakt
120 g ungesüßtes Kakaopulver
¼ TL Salz

BELAG

4 Pfirsiche, halbiert und entkernt

SO GEHT'S

1. Eine runde Ø 20 cm große Kuchenform einfetten und beiseite stellen.
2. Boden: Einweichwasser der Datteln abgießen. Datteln mit den restlichen Zutaten für den Boden in den Mixtopf geben und **20 Sek./Stufe 10** zerkleinern.
3. Masse in die bereitgestellte Form füllen, gleichmäßig mit etwas Druck verteilen. Abdecken und bis zur weiteren Verwendung beiseitestellen.
4. CREMEFÜLLUNG: In der Zwischenzeit den Zucker in den Mixtopf geben, **10 Sek./Stufe 10** pulverisieren und in eine Schüssel umfüllen.
5. Ahornsirup und Kokosnussöl in den Mixtopf geben, **5 Sek./Stufe 10** vermengen. Mit dem Spatel hinunterschieben. Anschließend **3 Min./80 °C/Stufe 0,5** schmelzen.
6. Restliche Zutaten für die Cremefüllung hinzufügen und **20 Sek./Stufe 5** vermengen. Die Masse gleichmäßig auf dem Kuchenboden verteilen.
7. BELAG: Pfirsiche in Scheiben schneiden und fächerartig auf dem Kuchen verteilen.

Sofort servieren oder kalt stellen.

AKTIVE ZEIT *20 MIN.*
GESAMTZEIT *25 MIN.*

SCHOKOLADENERDE

MIT BEEREN UND WALNUSSKERNEN

FÜR 10–15 PERSONEN

ZUTATEN

TEIG

300 g Zartbitterschokolade, in Stücken
150 g Butter
2 TL Vanilleextrakt
4 Eier
200 g brauner Zucker
200 g Weizenmehl, Type 405
2 TL Backpulver
130 g ungesüßtes Kakaopulver
2 TL Speisestärke
50 g Sonnenblumenöl
1 Prise Salz

EINLAGE

100 g TK-Beeren
1 Handvoll Walnusskerne, geröstet

SO GEHT'S

1. Backofen auf 180 °C Ober-/Unterhitze (160 °C Umluft) vorheizen. Eine ofenfeste Form (20 × 20 cm) mit Backpapier auslegen und beiseite stellen.
2. TEIG: Zartbitterschokolade, Butter und Vanilleextrakt in den Mixtopf geben und **10 Sek./Stufe 10** mixen. Mithilfe des Spatels die Schokolade im Mixtopf hinunterschieben. Anschließend **3 Min./70 °C/Rührstufe** schmelzen.
3. Eier und Zucker hinzugeben und **1 Min./Stufe 5** aufschlagen; mit dem Spatel hinunterschieben.
4. Restliche Zutaten für den Teig hinzugeben und **1 Min./Stufe 5** vermengen.
5. EINLAGE: Teig in die vorbereitete Form einfüllen, Beeren und geröstete Walnusskerne gleichmäßig darauf verteilen und leicht in den Teig eindrücken.
6. Schokoladenerde auf mittlerer Schiene 30 Minuten backen und in der Form auskühlen lassen.

***AKTIVE ZEIT** 25 MIN.*
***GESAMTZEIT** 1 STD.*

PFIRSICH-LAVENDEL-CRUMBLE

ZU PEKANNUSSKERN-EIS

FÜR 6 PERSONEN

ZUTATEN

PEKANNUSSKERN-EIS

350 g Vollmilch
4 Eigelb
95 g Zucker
1 TL Vanilleextrakt
100 g Pekannüsse, geröstet
200 g Sahne

STREUSEL

100 g Butter
200 g Weizenmehl, Type 405
100 g Zucker
1 EL Vanillezucker
2 TL getrocknete Bio-Lavendelblüten
1 TL Salz

FÜLLUNG

1 TL Butter, weich
2 EL Zucker
5 Pfirsiche, entkernt und halbiert

SO GEHT'S

1. PEKANNUSSKERN-EIS: Vollmilch, Eigelb, Zucker und Vanilleextrakt in den Mixtopf geben und das Gemisch **5 Min./80 °C/Stufe 4** erhitzen. Eismasse in einen Behälter umfüllen, ein Drittel der Pekannüsse hinzugeben und zum Abkühlen zur Seite stellen.
2. Sahne in den sauberen Mixtopf geben und mit Einsatz des Schmetterlings auf **Stufe 3** steif schlagen. Sahne mithilfe des Spatels unter die abgekühlte Eismasse heben. Eismasse in eine luftdichte und verschließbare Tüte geben, flachdrücken und etwa 3–4 Stunden im Gefrierschrank aushärten lassen.
3. STREUSEL: Alle Zutaten für die Streusel in den sauberen Mixtopf geben und **10 Sek./Stufe 10** pürieren. Masse in eine Schale umfüllen und 10 Minuten ins Gefrierschrank stellen.
4. Backofen auf 200 °C Ober-/Unterhitze vorheizen (180 °C Umluft).
5. FÜLLUNG: Boden und Seiten einer Auflaufform (Ø 20 cm) mit Butter einfetten und 2 EL Zucker darüber streuen. Pfirsiche mit der Schalenseite in der Form platzieren und Streusel gleichmäßig darauf verteilen.
6. Crumble 40–45 Minuten auf mittlerer Schiene im Backofen backen.
7. Vor dem Servieren Eismasse in den kalten Mixtopf geben und **30 Sek./Stufe 8** zu einem cremigen Eis verrühren. Restliche Pekannüsse zugeben und **10 Sek./Stufe 8** vermengen.

Sofort mit dem noch warmen Pfirsich-Crumble servieren.

AKTIVE ZEIT 15 MIN.
GESAMTZEIT 4 STD.

BROTPUDDING

MIT SCHOKOLADENSOSSE

FÜR 6 PERSONEN

ZUTATEN

BROTPUDDING

1 großes Baguette
80 g Butter, in groben Stücken
5 Eier
430 g Vollmilch
80 g Zucker
1 TL Zimtpulver
2 TL Vanilleextrakt

SCHOKOLADEN-SOSSE

5 Eigelb
300 g Vollmilch
20 g Zucker
2 TL Vanilleextrakt
2 EL ungesüßtes Kakaopulver
50 g Zartbitterschokolade, in Stücken

AUSSERDEM

Fett für die Form

SO GEHT'S

1. **BROTPUDDING:** Backofen auf 180 °C Ober-/Unterhitze (160 °C Umluft) vorheizen. Eine 20 × 30 cm große Auflaufform einfetten und zur Seite stellen.
2. Baguette in 1 cm dicke Scheiben schneiden und gleichmäßig in die Auflaufform geben.
3. Butter in den Mixtopf geben, **3 Min./70 °C/Rührstufe** schmelzen und gleichmäßig über das Baguette gießen.
4. Restliche Zutaten für den Brotpudding in den Mixtopf geben, **30 Sek./Stufe 4** vermengen und gleichmäßig über dem Brot verteilen.
5. Brotpudding auf mittlerer Schiene 35–40 Minuten oder bis zur gewünschten Bräune backen.
6. **SCHOKOLADEN-SOSSE:** In der Zwischenzeit den Schmetterling in den Mixtopf einsetzen und alle Zutaten für die Schokoladensoße in den Mixtopf geben. Anschließend **9 Min./80 °C/Stufe 2** einkochen und in eine Schüssel umfüllen.

Warmen Brotpudding mit der Soße servieren.

TIPP

Dieses Gericht eignet sich hervorragend für die Verwertung von altem Baguette.

AKTIVE ZEIT *20 MIN.*
GESAMTZEIT *1 STD.*

MANDELKEKSE

MIT ROSENWASSER

FÜR 20 STÜCK

ZUTATEN

35 g Zucker
2 EL Vanillezucker
160 g Mandeln
120 g Butter
120 g Weizenmehl, Type 405
½ TL Rosenwasser
¼ TL Salz
½ TL Mandelextrakt (wahlweise)

SO GEHT'S

1. Backofen auf 180 °C Ober-/Unterhitze vorheizen (160 °C Umluft). Ein Backblech mit Backpapier auslegen und zur Seite stellen.
2. Zucker und Vanillezucker in den Mixtopf geben und **10 Sek./Stufe 10** pulverisieren.
3. Mandeln hinzugeben und **15 Sek./Stufe 10** zerkleinern. Mithilfe des Spatels das Zucker-Mandel-Gemisch an den Seiten hinunterschieben.
4. Restliche Zutaten hinzufügen und **20 Sek./Stufe 5** zu einem Teig vermengen.
5. Aus dem entstanden Teig 3 cm große Kugeln formen und mit reichlich Abstand auf dem Backblech verteilen.
6. Auf mittlerer Schiene 20 Minuten oder bis zur gewünschten Bräune backen.

Kekse auf einem Kuchengitter abkühlen lassen.

***AKTIVE ZEIT** 10 MIN.*
***GESAMTZEIT** 30 MIN.*

Almond
Cookies

ORANGENKEKSE

MIT KARDAMOM

FÜR 35 STÜCK

ZUTATEN

120 g Zucker
100 g brauner Zucker
Abrieb von 2 Bio-Orangen
230 g Butter
½ TL Salz
2 Eier
½ TL Vanilleextrakt
1 TL Kardamompulver
¾ TL Backpulver
300 g Weizenmehl, Type 405

SO GEHT'S

1. Backofen auf 180 °C Ober-/Unterhitze (160 °C Umluft) vorheizen, Backblech mit Backpapier auslegen und beiseitestellen.
2. Zucker, braunen Zucker und Orangenabrieb in den Mixtopf geben und **10 Sek./Stufe 10** pulverisieren.
3. Butter, Salz, und Eier hinzufügen und **2 Min./Linkslauf/Stufe 5** aufschlagen. Masse mit dem Spatel hinunterschieben.
4. Restliche Zutaten in den Mixtopf geben und **30 Sek./Teigstufe** verkneten. Teig mithilfe des Spatels hinunterschieben und erneut **10 Sek./Teigstufe** verkneten.
5. Fertigen Teig mit einem Esslöffel portionsweise abstechen (Ø 3 cm) und auf dem Backblech mit etwas Abstand verteilen.
6. Kekse auf mittlerer Schiene 10–12 Minuten backen, bis die Ränder leicht braun sind.

Kekse 2 Minuten auf dem Backblech lassen und zum abschließenden Abkühlen auf ein Kuchengitter geben.

AKTIVE ZEIT *25 MIN.*
GESAMTZEIT *50 MIN.*

MANGO-MINZ-SORBET

MIT KARDAMOM

FÜR 2-3 PERSONEN

ZUTATEN

200 g TK-Mango
200 g Kokosnusswasser
4 Minzblätter
Abrieb von 1 Bio-Zitrone
200 g Eiswürfel
6 EL Agavensirup
½ TL Kardamompulver

SO GEHT'S

Alle Zutaten in den Mixtopf geben und **45 Sek./Stufe 10** mixen. In eine Schüssel umfüllen und abdecken.
Bis zum Verzehr im Gefrierschrank aufbewahren.

WUSSTEN SIE SCHON

Kardamom ist krampflindernd, kann bei Blähungen wie auch Menstruationsbeschwerden helfen und wirkt Mundgeruch entgegen.

TIPP

Für ein aromatischeres Sorbet reife Mangos selber einfrieren und in diesem Rezept verwenden.

AKTIVE ZEIT *<5 MIN.*
GESAMTZEIT *<5 MIN.*

REGISTER

ÜBER DIE AUTORINNEN

Kristina Koch und Julia Heckman vereint ein Lifestyle: Beide sind vom kalten Deutschland ins sonnige Kalifornien ausgewandert, Julia 2008 mit ihrem Mann und ihren beiden Kindern, Kristina 2015. Sie erfüllen sich hier ihren Traum: Kreativ sein, Rezepte mit frischen und innovativen Lebensmitteln entwickeln, kochen und teilen. Kristina startete dazu ihren eigenen Foodblog: **www.homemadeandhappiness.com**

Als die beiden sich kennenlernten, war schnell klar, dass sie ihre Leidenschaft für das Kochen allgemein und mit dem Thermomix® teilen und sich gemeinsam einen großen Wunsch erfüllen wollen: Ein Kochbuch schreiben, das Menschen dazu inspiriert, ein glückliches, ausbalanciertes Leben zu führen!

IMPRESSUM

Bibliografische Information der Deutschen Bibliothek.

Die Deutsche Bibliothek verzeichnet diese Publikation in der deutschen Nationalbibliografie.
Detaillierte bibliografische Daten sind im Internet über http://www.d-nb.de/ abrufbar.

EIN BUCH DER EDITION MICHAEL FISCHER

1. Auflage 2017

Covergestaltung: Michaela Zander
Redaktion und Lektorat: Juliane Rottach
Layout und Satz: Michaela Zander
Foodfotografie: Kristina Koch

ISBN 978-3-86355-805-5

Printed in Slovakia

www.emf-verlag.de